Ingrid Pachmann

ICH BIN UNENDLICH DANKBAR

Ingrid Pachmann

Ich bin unendlich dankbar

Hundertjährige erzählen

Verlag St. Gabriel

In dankbarer Erinnerung an meine Großmutter, Friederike Pollross, welche fast 95 Jahre alt wurde ...

Ich danke allen, welche mitgeholfen haben, daß dieses Buch zustande kam. Vor allem aber meiner Familie, meinem Mann und meinen Kindern, ohne deren Verständnis für meine Arbeit diese gar nicht möglich gewesen wäre.

Umschlaggestaltung: Brigitte Schwaiger
Titelfoto: ZEFA Bildagentur, Wien
ISBN 3-85264-569-7
Lektorat: Dr. Herbert Schillinger
Herstellung: Die Druckdenker GmbH, Wien
Druck: Druckerei Theiss GmbH, A-9400 Wolfsberg
Printed in Austria

„Wer hören kann,
der höre,
wer hören will,
dem schenkt sich der tiefere Sinn.“

(Walther Maria Neuwirth: Aus der Mappe eines Patriarchen)

Vorwort

Mit dem Gedanken, ein Buch über 100jährige zu schreiben, trage ich mich geraume Zeit. Als Journalistin des „Samstag“ und „Frauenblatt“ hatte ich bereits im Sommer 1996 das Glück, anläßlich seines 100sten Geburtstages mit dem Schriftsteller, Philosophen und Historiker Professor Dr. Walther Maria Neuwirth, dem bis dato ältesten Mitglied des Presseclubs Concordia, über sein langes Leben und umfangreiches Schaffen zu plaudern. Dabei wurden mir schlagartig zwei Dingc klar: Einerseits natürlich die enorme Bedeutung hochbetagter Menschen als Zeitzeugen eines bewegten Jahrhunderts (durch die steirische Filmemacherin Ruth Deutschmann im Auftrag der Religionsredaktion des ORF unter dem Titel „Die Chronisten“ gewürdigt), andererseits die in vielen Jahren erworbene Lebensweisheit, von der „wir Jungen“ profitieren könnten. Künstler, welche im hohen Alter Bedeutendes leisteten, wie etwa Tizian, welcher seine „Dornenkrönung Christi“ als 66jähriger und als 94jähriger malte, die Schauspielerin Rosa Albach-Retty (Romy Schneiders Großmutter wurde 105) oder die Architektin Margarete Schütte-Lihotzky (101), sind bekannt. Sie werden ganz offensichtlich durch ihre Interessen oder schöpferischen Tätigkeiten zu einem erfüllten langen Leben motiviert. Wie aber ist das bei sogenannten „einfachen“ Menschen? Hat man das hohe Alter „in den Genen“ oder erwirbt man es durch Maßhalten? Ich bin weder Medizinerin noch Altersforscherin. Die wissenschaftliche Deutung muß ich daher Befugteren überlassen. Andererseits kann ich – schon berufsbedingt – gut zuhören.

Ein Jahr nach meinem denkwürdigen Interview mit dem (leider bald darauf) verstorbenen Professor Neuwirth hörte ich 100jährigen Damen zu: Sowohl (die inzwischen ebenfalls verstorbene) Adele Langer aus Wien als auch Maria Wagerer aus

Wiener Neudorf waren ungewöhnlich. Nicht, weil sie sich detailgetreu an Ereignisse ihrer Jugend o.ä. erinnern konnten - das setzte ich mittlerweile voraus - sondern weil sie sich ihre Neugier auf das Leben offensichtlich bis ins hohe Alter bewahrt hatten. Hatte der Perchtoldsdorfer Neuwirth doch tatsächlich zum 100sten Geburtstag sein letztes Buch im Eigenverlag herausgebracht („In der Spur des Lichtes und der Sterne"), so standen ihm die Damen in punkto Kreativität in nichts nach: Frau Adele Langer begab sich zum ersten Mal an den Computer, um die Einladungen zu ihrer Geburtstagsparty zu tippen, und Maria Wagerer schwang sich vor versammelter Familienrunde auf und hielt um Mitternacht eine Rede ...

In Ländern wie Österreich, mit gutem sozialem Netzwerk, ausreichender und ausgewogener Ernährung sowie hervorragender medizinischer Betreuung, werden die Menschen immer älter. Ziemlich sicher nicht so alt wie Methusalem, welcher laut Altem Testament 969 Jahre alt geworden sein soll. Aber 100jährige sind wahrlich keine Seltenheit mehr. Im Gegenteil, nachdem ich mich für das Thema zu interessieren begann, staunte ich, wieviele Hundertjährige es bereits gibt. In Japan lebt, mit 119 Jahren, Izumi Shigechiyo. Er gilt als ältester Mann der Welt. In Frankreich ist im August 1997 Jeanne Calment, mit 122 Jahren laut Guiness-Buch der Rekorde die bislang älteste Frau der Welt, gestorben.

Für dieses Buch habe ich dreizehn Hundertjährige befragt, wie sie ihr langes Leben gemeistert haben und heute leben und das Gehörte aufgeschrieben. Die „jüngste" Interviewpartnerin stand rund sechs Monate vor ihrem 100sten Geburtstag, die älteste hatte den 102ten überschritten: Die einzelnen Schicksale waren so unterschiedlich wie ihr sozialer Hintergrund und die Art der

Lebensführung - ein allgemeingültiges „Rezept" für das Phänomen 100 Jahre menschlichen Alters fand ich nicht, wohl aber viele Beispiele für sinnvoll gelebtes Leben.

Das Jahr 1999 wurde von den Vereinten Nationen zum „Internationalen Jahr der älteren Menschen" erklärt (wie schon das Jahr 1982) und unter das Motto „Eine Gesellschaft für alle Lebensalter" gestellt. Vielleicht, so mein Wunsch, kann dieses Buch ein Beitrag zum besseren Verständnis der liebenswerten „Alten" sein. Die Botschaft lautet: „Das Leben ist – auch mit 100 – lebenswert."

Perchtoldsdorf, im Oktober 1998
Dr. Ingrid Pachmann

Vergeblicher Anker

Nichts geschah und geschieht,
was nicht
zu geschehen hat.

Alle Nebel und Sterne
folgen eilsam dem
Gottesgebot.

Nur im Selbstbewußtsein
des Menschen ankert
scheinbar der ruhende Pol.

(Walther Maria Neuwirth: Aus der Mappe eines Patriarchen)

Jeder Mensch hat sein eigenes Schicksal

„Einszweidrei, im Sauseschritt läuft die Zeit; wir laufen mit.–" dichtete einst der durch seine humoristischen Bildgeschichten, Zeichnungen und Malereien geschätzte Wilhelm Busch über das Unabänderliche. Dr. Leopold Rosenmayr, emeritierter Professor für Soziologie der Universität Wien und Leiter des Ludwig-Boltzmann-Instituts für Sozialgerontologie und Lebenslaufforschung, formuliert in seinem Buch „Älterwerden als Erlebnis" denselben Vorgang wissenschaftlich: „Älterwerden ist vom Einzelnen her gestaltbar, aber immer nur im vorgegebenen sozialen und geschichtlichen Rahmen. Man kann diesen Rahmen wie gegen den Strom schwimmend für sich verändern, aber entkommen kann man ihm nicht."

Im letzten Jahrhundert hat sich die mittlere Lebenserwartung mehr als verdoppelt. Und – alleine zwischen 1947 und 1983 – hat sich die Zahl der über 100jährigen laut Österreichischem Statistischen Zentralamt mehr als verdreißigfacht! Lebten zu Beginn des Beobachtungszeitraumes österreichweit gerade vier Hundertjährige (je zwei Männer und Frauen), so waren es 1983 bereits 127, und zwar 22 Männer und 105 Frauen ... Der Anstieg der über 100jährigen ist zum überwiegenden Teil auf die Frauen zurückzuführen: Zu Beginn des Beobachtungszeitraumes war das Geschlechterverhältnis noch ausgeglichen, 1948 bis 1951 hatten die Männer das Übergewicht. Danach ist die Zahl der 100- und mehrjährigen Frauen überproportional stark gestiegen, sodaß der Frauenanteil in dieser Altersgruppe 1993 bereits knapp 85% betrug. Neben der höheren Lebenserwartung von Frauen im allgemeinen sind für ein derartiges Mißverhältnis allerdings sicherlich die massiven Verluste unter den Männern in den beiden Weltkriegen mitverantwortlich.

Mit der steigenden Lebenserwartung zugleich zeigt sich seit

den 60er Jahren in Mittel-, West- und Nordeuropa, aber auch in weiten Teilen des europäischen Ostens ein starker Geburtenrückgang, welcher seine Wurzeln u.a. auch im neuen Selbstverständnis der Frau (durch eigene Berufstätigkeit, Verhütungsmöglichkeiten wie Pille etc.) aber auch in der allgemein konsumorientierten Gesellschaft, welche sich mehrere Kinder unter Umständen einfach nicht mehr „leisten" will, haben mag. Die gesellschaftlichen Folgen bleiben nicht aus: Derzeit ist bereits jeder Fünfte der 8,1 Millionen Österreicher über 60 Jahre alt. Das Verhältnis Männer zu Frauen bei den Über-60-jährigen beträgt laut Pensionistenverband Österreichs zur Zeit 100 zu 165. Im Jahr 2030 soll es allerdings nur mehr 100 zu 124 sein ...

Wieviele 100jährige heute in Österreich leben – laut Zeitungsberichten über 300 Personen – darüber gibt es keine exakten Daten. Außerdem ändert sich der Stand ja sozusagen von Minute zu Minute. Zum Vergleich: In Deutschland gibt es heute rund 5000 Hundertjährige. Die meisten Hundertjährigen leben laut Guiness-Buch der Rekorde 1998 in Japan. Wobei Japaner überhaupt die höchste Lebenserwartung der Welt haben (Frauen werden im Durchschnitt 83 Jahre alt, Männer 77). 80 Prozent der 7373 Japaner ab 100 sind Frauen! 100 Jahre alt zu werden ist – wenn die Entwicklung so fortschreitet – jedenfalls bald keine so große Seltenheit mehr.

Hundert Jahre in einer von gesellschaftlichem und historischem Wandel geprägten Zeit zu leben, verlangt freilich nicht nur große Flexibilität vom Einzelnen, sondern kostet auch viel Kraft. Unterschiedliche Lebensbedingungen schufen den heutigen 100jährigen zwar verschiedene Chancen oder Einschränkungen, der geschichtliche Rahmen blieb aber für alle gleich. Menschen, welche an der Schwelle zum 20. Jahrhundert geboren wurden, die

Wende zum 21. Jahrhundert erleben und damit vielleicht auch das dritte Jahrtausend, mußten mit gewaltigen Veränderungen fertig werden: Wirtschaftskrisen, Hungersnöte, zwei Weltkriege, und damit verbunden der Verlust vieler geliebter Angehöriger und Freunde, vielleicht auch Emigration, Vertreibung, Verfolgung, Gefangenschaft, Vergewaltigung ...

Walther Maria Neuwirth, welcher den Zweiten Weltkrieg an der West- und Ostfront als Hauptmann der Deutschen Wehrmacht mitmachte, schrieb 1982 „in wehmütiger Erinnerung an das unsinnige Völkermorden":

Die Muttergottes von Stalingrad

Wo der Tod achthunderttausend vom Schicksal Verfemte
als Ernte sich holte,
in Stalingrad,
in eisigen Winternächten,
im Granatenhagel
und Panzerbeschuß,
wenn grausam der Hauch vorm Munde gefror
und bissigster Wintersturm
Ohren und Augen quälte.

Soldaten verschiedner Nationen,
Hilfsvölker, Zivilisten, Greise, Frauen und Kinder
in Hunger stöhnend, halb erstarrt, vereist,
verwundet, gefroren die hellrot, blaugeränderten
Schwären.

Ausharrend in stiller Verzweiflung oder
Versunkenheit, frevelhaft ausgespielt vom
Dünkel und Wahn verbohrter Strategen,
verraten und eingeklemmt,
zu Tode befohlen, verkauft

von der Waffenbörse der Welt,
gewürgt von den Fäusten
des Winters,
eingekerkert im Kessel
von Stalingrad
und scheinbar
unbeachtet
von Gott.

Blutrose,
riesengroß,
Himmelszeichen,
Atompilz aus
Menschenleibern
in der Wende der Zeit.

Symbol des kommenden Untergangs
der Erde und aller Wesen, die
sie bewohnen,
der vom Unglück gepeitschten Menschen,
der hilflos flüchtenden Tiere,
zerknickender Bäume,
in Flammen und Lohe
verendender Blumen und Gräser.

Sinnbild sich restlos vollendender
menschlicher Torheit,
ungeheuer zur Höhe, zum Himmel
sich türmend,
Vorspiel vom Ende,
warnender Schrei aus dem Dunkel,
Massenverderben, Siechen und Sterben
im Unheilskessel von Stalingrad,
Tod nach unermeßlicher Not.

Und Advent endet.
Weihnachten feiert die Ferne,
Kerzenschimmer in goldner Erinnerung,
Friede,
Gesänge
und Glockenklänge
und Tannenduft.

Fata morgana
in tiefschwarzer,
dröhnender Nacht.
Fata morgana
im zitternden, blinden Schneelicht
erschlagener Tagesstunden.

Herzlichkeit,
Liebe, die Stimmen von Mutter und Frau,
Glückseligkeiten in Kinderaugen
und irgendwo, zauberhaft innig die Weise
der stillen, heiligen Nacht.

„Weihnacht, die keiner von uns
im Leben wieder erfühlen wird,
in unseren Städten, Dörfern, auf unseren
Feldern, im rauschenden Wald, auf unseren Bergen
daheim. Im auf immer verlorenen eigenen Werdekreis.
Auf ewig verstummt die trauten
Worte der Liebe."

Stalingrad,
Todesfalle,
Blutrose,
die zu der Stille der Sterne ragt.
Das Schicksal baut einen eisklaren Riesensarg,
formt alles zu Erde und Schnee.

„Des Hungers Geister gaukeln Bilder des Wahns
uns vor, das ermattete Auge saugt
Gespenstisches ein, das aus abgetrennten
Köpfen und zerstückelten Leichen quillt.

Herzen wenden der unsichtbaren, lebensspendenden
Mutter sich zu, der großen, gewaltigen Gottheit
zwischen Erde und Geist.
Zu ihr tönt der Hilferuf,
ihr gilt der Daseinsschrei.
Der eine betet, der andere sinnt, ein anderer
starrt in die eigene, eisige Leere.

Eine begnadete Hand, von vielen gedrängt und geführt,
malt das Bild unsrer Mutter Maria mit russiger
Kohle. Ein Brett, das ehemals Tür oder
Deckel war, bildet den Untergrund.

Unser Weihnachtsbild
im berstenden Schein der Granaten!
Die Mutter, gelehnt in die Schale des Korns,
der halb geöffneten Muschel gleich.
Ihr Kindlein schützend, die Hoffnung der Welt im Arm.
Symbol unsrer Zuflucht, emporgetaucht aus der
Urzeit und aufgestiegen aus Ewigkeit
als Mutter der Menschheit, griechischer,
römischer, christlicher, byzantinischer,
moskowitischer Art.

Hoffnungsschimmer für alle
in einem anderen Sein
im ewigen Wandel
und Trost.

„Langes Leiden im Elend
und sicheren Tod vor Augen
preisen und loben wir dich,
Maxima Mater!

Du gibst
den Verfemten
die Kraft
des Schweigens.

Dir gilt der Dank
unsrer Seelen,
der du Anfang und unser Erbarmer bist,
Mutter Gottes von Stalingrad.

Mutter Gottes von Stalingrad,
deine alles umfassende Liebe
segne unser
vergebliches
Werk,
unser
namenloses
Versinken
im Schnee."

Und dann erstarb von Achthunderttausend
Atem und Wort.

(Aus: „Aus der Mappe eines Patriarchen")

Dotterblume

„Kleine, gelbe Dotterblume,
erste Blüte dieses Jahres,
viele meiner Kameraden
sehen nicht mehr deine Blüte."

„Viele deiner Kameraden
sehen mich. Gebrochne Augen
sehen tiefer, sehen schärfer,"
sprach die kleine Dotterblume,
erste Blüte dieses Jahres.

(Walther M. Neuwirth für die Perchtoldsdorfer Autorenrunde)

Der kulturelle Hintergrund

Das Atom– und Computerzeitalter veränderte die Welt so nachhaltig wie nie zuvor. Medizin und Technik (auch im Haushalt!) machten in hundert Jahren unglaubliche Fortschritte; in der Musik, Literatur und Bildenden Kunst entstanden – wiederum unter dem Einfluß des bewegten Jahrhunderts – großartige Werke ...

Eine Zeittafel (sehr subjektiv ausgewählt nach Werner Steins „Der große Kulturfahrplan") soll veranschaulichen, welch nachhaltige Ereignisse heutige Hundertjährige bewegt haben mögen:

1895 – 1904

Die Damenmode schreibt glatte, weite Röcke, halblange Puffärmel und Schärpen vor –1895

Frauenturnen in der Deutschen Turnerschaft – 1895

Röntgen entdeckt die nach ihm benannten Strahlen – 1895

Aspirin im Handel – 1899

Mit Elektrizität, Erdöl, Naturstoffsynthese, Automobil, Telefon, drahtloser Telegrafie, Kino, Schallplatte und Schnellpresse für den Zeitungsdruck beginnt eine Revolution des täglichen Lebens, die sich im 20. Jahrhundert beschleunigt – ab 1900

Frauenstudium setzt sich langsam durch – 1908

Sigmund Freud, psychoanalytische Theorie – 1904

1905 – 1914

Friedensnobelpreis an Bertha von Suttner – 1905

Albert Einstein entwickelt die spezielle Relativitätstheorie (Folgerungen aus dem Prinzip von der Konstanz der Lichtgeschwindigkeit) – 1905

Medizin-Nobelpreis an Robert Koch für Tuberkuloseforschung – 1905

Erster Skislalom in Lilienfeld, Niederösterreich – 1905

Erdbeben und Großfeuer vernichten San Francisco – 1906

Internationales Nachtarbeitsverbot für Frauen – 1906

Roald Amundsen erreicht als erster den Südpol – 1911

Passagierdampfer „Titanic“ sinkt nach Zusammenstoß mit einem Eisberg – 1912

Ermordung des Erzherzogs von Österreich, Franz Ferdinand und seiner Gattin Sophie durch den serbischen Nationalisten Princip in Sarajewo – 1914

Beginn des ersten Weltkrieges (bis 1918)... – 1914

1915 – 1924

Ferdinand Sauerbruch konstruiert durch Gliedstumpfmuskeln bewegliche Prothesen – 1916

Durch Grippeepidemie weltweit etwa 20 000 000 Tote – 1918

Zerfall der Habsburger Monarchie, Gründung der Republik Österreich – November 1918

Südtirol mit Bozen und Meran kommt an Italien – 1919

Internationale Arbeitskonferenz in Washington beschließt 48-Stunden-Woche, 12-Wochen-Arbeitsverbot für werdende Mütter und Wöchnerinnen, Mindestalter für arbeitende Jugendliche u.a. – 1918

Arbeitslosenversicherung in Großbritannien und Österreich – 1920

Bubikopf kommt auf – 1924

Erste Olympische Winterspiele in Chamonix – 1924

1925 – 1934

Erfolgreicher Flug Spitzbergen-Nordpol-Alaska durch Amundsen und Nobile – 1926

Dauerwellen in der Friseurtechnik – 1926

Alexander Fleming entdeckt das Penicillin – 1928

Höhepunkt der Weltwirtschaftskrise; Weltarbeitslosigkeit etwa 30 Millionen – 1929

Lindbergh-Baby in USA von Erpressern geraubt, wird tot aufgefunden – 1932

1935 – 1944

Sog. „Blutschutzgesetz" (antisemit. „Nürnberger Gesetze") in Deutschland – 1935

Unter dem Druck der nationalsozialistischen Wehrmacht erfolgt der Anschluß Österreichs an Deutschland

Schwere Judenverfolgungen durch das NS-Regime („Reichskristallnacht") – 1938

Ein Erdbeben in Anatolien fordert 45 000 Opfer – 1939

Hitler beginnt zweiten Weltkrieg mit Überfall auf Polen... – 1939

1945 – 1954

Adolf Hitler gibt den Befehl „Verbrannte Erde": Zerstörung aller lebenswichtigen Einrichtungen in Deutschland (wird nur teilweise befolgt, Albert Speer stellt sich dagegen) – 1945

USA-Atombomben auf Hiroshima und Nagasaki (insgesamt 110 000 Tote und 110 000 Verwundete auf 17 km² zerstörter Fläche) – 1945

Von 9,6 Millionen europäischen Juden wurden ca. 5,7 Millionen von den Nationalsozialisten umgebracht – bis 1945

Verluste im zweiten Weltkrieg etwa je 25 Millionen getöteter Soldaten und Zivilisten – bis 1945

In England kommt das Cocktailkleid auf – 1947

Israel als jüdischer Staat gegründet – 1948

Requiem

Jahre lang sind wir an erleuchteten
Fenstern vorüber gegangen,
aus denen Glanz und Behagen schien, vorübergegangen an Gärten,
aus denen die Wunder der Farben
im Blühen sich neigten.

Goldblau der Himmel darüber
und ein balsamischer Hauch
des reifen Maien in allem.

Der Abend war nah.
Wir standen am Roten Berg,
wehmütig hieltest du fest meine Hand
und in letzter Helle
grüßten die Dächer der Stadt.

(Walther Maria Neuwirth: Das Fundament)

Ohne Angst altern

Der Steinzeitmensch starb zumeist im jugendlichen Alter von nicht einmal zwanzig Jahren – vermutlich hauptsächlich durch menschliche oder tierische „Feinde". Noch in der römischen Kaiserzeit, der Zeit Jesu, durfte der Mensch kaum mehr als zwanzig Lebensjahre erhoffen. Durch den ungeheuren medizinischen Fortschritt und dank verbesserter Hygiene stieg die Lebenserwartung seit dem 19. Jahrhundert ständig an. Der Rückgang der Säuglings-, Kinder- und Müttersterblichkeit und der tödlichen Massenepidemien waren nicht unerheblich daran beteiligt.

„Fast alle wollen alt werden, aber niemand will alt sein" faßte der vor einiger Zeit verstorbene Tiefenpsychologe Erwin Ringel weise das Dilemma des Menschen unseres Jahrhunderts zusammen. Auch wenn 40- , 50-jährige Frauen heute durch ihr gestiegenes Selbst-, Körper-und Gesundheitsbewußtsein im Gegensatz zu den gleichaltrigen „gesetzten" Matronen der Jahrhundertwende locker als Schwester ihrer Tochter angesehen werden können, fast jede von ihnen hat eine oder einen kränkliche(n) „alte(n)" Verwandten, und irgendwo am fernen Horizont schwebt das Gespenst von Alter verbunden mit Bettlägerigkeit, Leiden und Isolation. Dabei geht es heute oft ganz alten Menschen gesundheitlich besser als so manchen 70jährigen ...

Dr. Erwin Ringel nennt in „Das Alter wagen" drei wissenschaftliche Theorien über die Ursachen des Alterungsprozesses:

• Die Fehlertheorie vermutet, daß in fehlerhaft leitenden Enzymen und Schäden in der Erbsubstanz die Hauptursachen für das Altern zu finden sind.

• Die „Programmhypothese": Hier nehmen die Forscher an, daß sich in jeder Zelle ein Gen befindet, welches wie eine Uhr funktioniert. Durch die Geburt aktiviert, erlaubt es jeder Zelle nur eine gewisse Anzahl von Teilungen, bis die Uhr gleichsam abgelaufen ist und das Signal zum Absterben gegeben wird.

• Der dritten Theorie (von Martina Steinhardt) schließt sich Professor Ringel selbst am ehesten an. Sie besagt, daß eine Zelle so lange nicht altert, als sie vor neue Aufgaben gestellt wird, welche sie zu weiteren Differenzierungen zwingt.

„Man bleibt jung, solange man noch lernen, neue Gewohnheiten annehmen und Widerspruch ertragen kann" schrieb genau dazu passend schon vor rund hundert Jahren Marie von Ebner–Eschenbach in ihren Aphorismen.

Wobei „Altern" nicht nur – wie leicht ersichtlich ist – bei verschiedenen Menschen unterschiedlich verläuft, sondern auch in verschiedenen Organsystemen des gleichen Individuums. Wenn jemand das gängige Sprichwort „Man ist so alt, wie man sich fühlt" zur Anwendung bringt, so ist darunter nur sein psychologisches Alter zu verstehen. Das soziologische Alter ist bestimmt von der Verflechtung des Menschen in seinem sozialen Bezugssystem und das biologische Alter vom Zustand seines Körpers her. Nur das chronologische Alter gibt Aufschluß über die Zahl seiner tatsächlichen Lebensjahre.

Die Sehnsucht nach ewiger Jugend, nach dem sagenumwobenen Jungbrunnen, ist ein uralter Wunsch der Menschheit. Der Jugendlichkeitswahn der Gesellschaft an der Schwelle zum dritten Jahrtausend ist auch heute ungebrochen. Aktuelle medizinische Ratgeber wie z.B. das jüngst erschienene Buch von Hormonspezialist Johannes Huber und Journalist Alfred Worm stellen ein für allemal klar:

Der Mensch kann schöner, klüger und reifer, aber niemals jünger werden. Wohl aber kann der Einzelne u.a. durch richtige Ernährung, die richtige Dosis Sport (Vorsicht: Ausdauer ist ge-

sünder als Leistung!) und Musik (gegen Depressionen) Fehler vermeiden, deren Folgeschäden im Alter nur schwer zu beheben sind.
„Geheimtip“ von Alt-Erzbischof Kardinal Franz König, 93, und Britanniens Königinmutter, 98: Das Abendessen weglassen.

Im Buch „Haus auf festem Grund“ sagt der frühere Erzbischof Kardinal König zum Segen und der Gnade des Alters: „Durch das Wissen um seine Endlichkeit gewinnt unser Leben erst recht an Gewicht und Bedeutung. Was wir tun und lassen, zählt, hinterläßt Spuren, kann nicht mehr ungeschehen gemacht werden. Dem alten Menschen ist die Chance gegeben, dem Ende wissend, versöhnt und vertrauensvoll entgegenzugehen und, mit dem Blick auf das Ganze, bis zum Ende seines Weges das Beste zu versuchen.“
Die Schauspielerin Rosa Albach-Retty umreißt ihre mehr als 100jährigen Erfahrungen in ihren „Erinnerungen. So kurz sind hundert Jahre“ mit einem einfachen Satz: „Als Mensch glücklich zu sein, ist keine Begabung, sondern eine Sache der Selbsterziehung.“

Das Tor zum andern

Jeder Mensch ist ein
kompliziertes Gehäuse
mit einem schwer
zu öffnenden Tor.

Das Tor zu öffnen
ist Menschenpflicht.

Nur in einem
gesegneten Augenblick
gelingt dir
das Liebeswerk.

(Walther Maria Neuwirth: Aus der Mappe eines Patriarchen)

Brücken zwischen den Generationen

Die Weltgesundheitsorganisation (WHO) schlägt folgende Einteilungen für die zweite Lebenshälfte vor: Unterschieden wird demnach zwischen

- älteren Menschen (60 – 75jährigen)
- alten Menschen (75 – 90jährigen)
- sehr alten oder hochbetagten Menschen (über 90jährigen)
- Langlebigen (über 100jährigen).

„In den vergangenen hundert Jahren ist die Menschheit dem mythischen Wunsch nach Langlebigkeit einen bedeutenden Schritt überall dort nähergekommen, wo die ökonomischen, sozialen und medizinischen Verhältnisse ihn schrittweise zu erfüllen erlaubten" faßt Leopold Rosenmayr in „Älterwerden als Erlebnis" zusammen.

Die Art und Weise des Alterns, deren ökonomische, soziale und kulturelle Vorbedingungen, sind allerdings öffentliche Angelegenheit: „Um dieses politische Bewußtsein drücken sich Regierungen und die Verwaltung gerne herum und die gesellschaftspolitische Aufgabe verkommt zu technischen Streitfragen um die Pensionsreform und das Rentenalter.

Das „Erlebnis Altern" muß jedoch nicht nur individuell, sondern auch gesellschaftlich ermöglicht werden. Pensions-, Gesundheits- und Bildungspolitik fundieren durch Angebote und Chancen dieses „Erlebnis", sonst verkümmert oder verkommt es zu „Bewußtlosigkeit oder Not". Erwin Ringel schlägt (in „Das Alter wagen") in dieselbe Kerbe: „Nur wenn die Gemeinschaft bereit ist, den alten Menschen zu bejahen und ihn anzuerkennen, ihm ein lebenswertes Leben zu ermöglichen, wird die Voraussetzung dafür gegeben sein, daß dieser imstande ist, die Freuden des Alters zu entdecken und zu genießen. Die Tendenz zur „Vergottung der Jugend", die man heute gelegentlich findet, ist gefährlich und sollte baldigst aufgegeben werden. Sätze wie „Trau keinem über dreißig" sind gesellschaftspolitisch lebensgefährlich." Professor Ringel hat auch für den alten Menschen ein „Rezept": „Die Wohnung verlassen, solange es irgendwie möglich ist, einkaufen gehen, nicht auf die Natur verzichten, Kontakte zu anderen Menschen aufnehmen, Theater besuchen, Bücher lesen, das alles sind Waffen im Lebenskampf."

Im Alten Testament werden Würde und Weisheit des Alters, die besonderen Fähigkeiten zu höchsten Ämtern sowohl in der Führung der Gemeinden wie auch speziell zum Richteramt immer wieder hervorgehoben. Auch die Griechen und die Römer der Antike wußten um die Weisheit des Alters. Cicero z.B. wies in einer seiner Schriften ganz gezielt auf die bedeutende Rolle der Gesellschaft hin, die, indem sie dem Älteren mit Hochachtung und Verehrung gegenübertrete und nicht nur mit Gefühlen der Hilfsbereitschaft, des Mitleids oder gar Vorurteilen, den Alterungssprozeß ganz entscheidend beeinflusse.

Auch der Wiener Soziologe Leopold Rosenmayr weist (in „Älterwerden als Erlebnis") ausdrücklich darauf hin, daß der Mensch unter bestimmten Voraussetzungen seinem Altern nicht hilflos ausgeliefert ist: „Er bleibt, wenn nicht Krankheit, Armut oder seelisches Leid ihn erdrücken, entwicklungsfähig und glücksfähig bis ins höchste Alter" und „Der Geist, in dem der Mensch seine Welt und sich gestaltet, wird auf ihm sichtbar, er prägt auch sein Altern."

Die durchschnittliche Lebenserwartung bei Frauen liegt in Österreich inzwischen bei 80 Jahren, Männer werden durchschnittlich 73 Jahre alt. Fast 500.000 Menschen in Österreich sind heute über 75 Jahre alt. Laut Prognosen sollen es im Jahr 2050 über 1,3 Millionen sein ...

Laut einer neuen Studie des Familienministeriums über Generationenbeziehungen funktionieren Österreichs Familien gut, wenn es um den Zusammenhalt geht: Beinahe 80 Prozent der Groß- und Urgroßelterngeneration lebt in direkter Nachbarschaft zu Kindern und Kindeskindern, doch nur 6 Prozent davon im gemeinsamen Haushalt. Dies lehnen nicht nur die Jungen, sondern auch die Alten ab, weil das zu konfliktträchtig wäre. Laut Studie (unter der Leitung von Professor Rosenmayr) kommt den Frauen der mittleren Generation in der Kontaktpflege eine herausragende Rolle zu: Über 80 Prozent der Mütter und Töchter oder Schwiegertöchter kontaktieren einander mindestens einmal pro Woche, 36 Prozent sogar täglich. Je älter und kränklicher die Elterngeneration, desto mehr Hilfe bekommt sie. So stehen 64 Prozent der über 80jährigen in täglicher Verbindung mit Tochter oder Schwiegertochter. Die Söhne hingegen machen sich rar: Sie telefonieren seltener und kommen auch weniger oft auf Besuch.

„Erfüllung und Glück, Gelassenheit und Freude sind zwar altersunabhängige Ereignisse oder Prozesse, können aber mit dem Alter noch eine beträchtliche Steigerung erfahren. Dies geschieht z.B. dann, wenn trotz körperlicher Veränderungen mehr Einsicht, mehr Rücknahme von Forderungen an sich und an andere Menschen erreicht wird". (Leopold Rosenmayr in „Älterwerden als Erlebnis")

Mein Wahlspruch aus der Vergangenheit

Geistige Brücke will ich sein,
so wie jeder andre zum Gleichen berufen ist.

Ausgestreckt beide Arme
zum Nächsten nach links und rechts,
mein Körper und meine Beine als
Brückenpfeiler, mein Kopf als die
Lampe, in der im Boote
der Seele der gebenedeite
Funke des Geistes zu Gast ist.

(Walther M.Neuwirth: In der Spur des Lichtes und der Sterne)

Protokolle

Die Gesprächspartnerinnen und -partner sprachen so flüssig, daß es nicht notwendig schien, große Kürzungen oder Korrekturen vorzunehmen. Um die Unmittelbarkeit und Authenzität der Gespräche in der Wiedergabe zu wahren, wurden zahlreiche mundartliche Wendungen sowie typisch österreichische Formen mit Absicht sprachlich nicht verändert bzw. korrigiert. Zum besseren Verständnis sind fallweise Erläuterungen „hochdeutsch" in Klammern als Anmerkung der Verfasserin angefügt. Damit die Privatsphäre des Einzelnen gewahrt bleibt, habe ich jedoch – manchmal auch auf Wunsch – Namen verändert oder zumindest abgekürzt. Bei Schwester Norberta, Walther Maria Neuwirth und Johann Toth schien mir das nicht notwendig: Sie haben ihre interessanten Erlebnisse und Erfahrungen teilweise bereits früher veröffentlicht.

Professor Dr. Walther Maria Neuwirth:

„… ich bin ungeheuer dankbar!“

Ich bin geboren im Jahre 1896, in Wien-Margareten. Und ich rechne – das ist alles erinnerlich – daß ich drei Jahre hier in Wien war, und dann ist mein Vater transferiert worden, und wir sind nach Mähren gekommen. Zuerst ist mein Vater Professor in Mährisch–Neustadt gewesen, das ist beim Erzgebirge da oben, und dann in Olmütz, und in Olmütz bin ich in die Volksschule gegangen...Früher war ich ja ein bisserl ehrgeizig, aber dann später nimmermehr. Ich hab' für mich gearbeitet, weil es mehr oder weniger meine Berufung war. Aber über die zuletzt erfolgte Auszeichnung zum Ehrenbürger der Marktgemeinde Perchtoldsdorf habe ich mich sehr gefreut, denn das ist – abgesehen von allem anderen – etwas, was bleibt. Ich hab' das gewissermaßen auch als Ehrung für meine Familie empfunden und für das Haus, das schon meinem Vater gehört hat, und in dem ich jetzt lebe – und für meine engsten Mitbewohner, denn ich bin ein ausgesprochen medialer Mensch. Das heißt, ich verneine zwar jede okkultistische Angelegenheit, aber man spürt eben Rufe, die einen Impuls geben. Jetzt kommt es nur darauf an, ob man diesen Impuls erstens einmal richtig interpretieren kann, in sich selbst, in seiner Rede und eben auch in die richtigen Worte kleiden kann. Denn Irrtümer sind auch hier immer vorhanden. Das Primäre bei mir war, daß ich – schon während meine zweite Frau noch gelebt hat – bestrebt war, ein geistiges Leben zu bekommen. Das heißt, alle Dinge hier auf der Welt irgendwie zu vergeistigen und aus dieser großen Umbruchsatmosphäre, die wir ja erleben und die wahrscheinlich noch das nächste Jahrhundert dauern wird, zu fixieren. Diese medialen Rufe haben mich schon seit dem ersten Weltkrieg begleitet, und ich war immer bestrebt, meine Pflicht zu tun. Zum ersten Weltkrieg hab' ich mich freiwillig gemeldet, um nicht zur Infanterie zu gehen, weil der Sturmangriff mit „Bajonett auf!"

nicht in das Vokabular meines Patriotismus paßte. Daß ich durch die dritte Isonzo-Schlacht gekommen bin, wo ich eine Grabenmörserbatterie leitete, eigentlich das ganze Geschäft da unten machte – wir waren ja in einer Doline – also daß man das überlebt hat, das ist ein Wunder. Ich kann keinen Haß gegen irgendeinen Menschen empfinden, sondern ich versuche immer, die verschiedenen Motive, die jeder Mensch hat, irgendwie zu verstehen. Ich widerspreche auch niemandem, weil durch das Schicksal, das ja von Gott kommt, jeder Lebenslauf vom ersten Anbeginn bis zum Tod vorbestimmt ist. Vorbestimmt natürlich in einer Art, die wir auch wieder nicht richtig auffassen können, weil wir ja nur immer in dem Gedankenkreis der Welt leben und keine Ahnung haben vom unerforschbaren Gott. Den ich – und hier unterscheide ich mich vielleicht von den Konfessionen – noch immer als persona auffasse. Als ein großes, einziges, nicht erforschbares, ungeheures Wesen, das wir nicht erfassen können, nicht erfassen dürfen. Und ich möchte also den lieben Gott, so wie ich ihn sehe und fühle, mit zwei Definitionen nennen, und zwar „Allmächtiger Gott" und „Allweiser, Allerheiligster Geist". Dieser allerheiligste Geist ist ja in jeder Konfession vorhanden. Auch im Katholizismus, den ich überaus verehre. Wenn ich manchmal zum Fenster gehe und hinausschaue, wenn die Glocken der Pfarrkirche vis-à-vis läuten, sehe ich immer voll Freude, wie die Leute die Stiegen hinaufgehen zum Hochamt oder zu verschiedenen Messen. Weil für den Menschen, der nur in den Tag, das heißt nur für sein Verdienst, für irdische Zwecke allein, lebt, ist das die einzige Möglichkeit, wenigstens einmal in der Woche mit einer geistigen – wie soll ich mich ausdrücken? – ungeheuren Konstruktion in Berührung zu kommen. – Auch nicht das richtige Wort: Wir kämpfen ja fortwährend mit der

Sprache, weil unsere Worte nicht ausreichen, um irgendwie das zu erfassen, was im Lehnkreis ist im geistigen Reich. Ich bin davon ausgegangen, daß es überhaupt nur zwei Werte gibt. Die Seele, die wir als Axiom durch Kulturen ererbt haben, ist der – ebenso ererbte – unzweifelhafte Begriff des alleinigen Gottes. Seele und Gott, das sind zwei Axiome, die uns innewohnen. Alles andere sind – auch natürlich von Gott gemachte, es muß ja alles von Gott kommen – schöne Legenden, wunderbare Legenden. Auch die Legende natürlich ist ein religiöser Begriff.

Leider bin ich zu der Überzeugung gekommen, daß es immer wieder Kriege geben wird, weil auf der Welt im Irdischen die Gegensätze notwendig sind. Notwendig, weil ich folgenden Gedanken gehabt hab': Man kann sich doch nur einen monotheistischen Gott vorstellen, nicht wahr? Dieser Alleinschöpfer, Alleinregierer, Alleinschaffende, Formende ... dieser Gott kann doch nicht, so wie es uns leider gelehrt wurde in der Jugend, einen Nebengott haben, also einen gefallenen Engel. Denn damit fängt ja die Vielgötterei an. So kam ich zu der Überzeugung, daß in diesem ungeheuren Sein oder Wesen des alleinigen Gottes gut und böse gemeinsam ist, und daß sich das in der Welt eben als gut und böse manifestieren muß. Und daß in Wirklichkeit, wie alles andere, im Jenseits ja alles ganz anders ist, wir wissen's ja nicht zu erfassen. Wir müssen zum Schluß immer sagen „Ignoramus et ignorabimus“ (lat.: Wir wissen nicht und werden nicht wissen). Wir können auch nichts wissen. Das Leben ist kein Vergnügen, das Leben ist eine Aufgabe, das Leben ist Leiden, und die schwersten Leiden sind der beste Weg zu Gott. Und jetzt spreche ich noch von der Toleranz. Die irdische Toleranz ist eine sehr mangelhafte, obwohl sie selbstverständlich auch ihr Gutes getan hat, ich meine die josefinische Zeit, die Aufklärungszeit. Aber die Toleranz geht bei den Menschen so weit, so weit es ihrem Vorteil und ihrem Machtempfinden entspricht, und dann geht man eben zu einem anderen Institut und überträgt den Gerichten die blutigen Affären. Aber es gibt eine Toleranz, eine wunderbare Toleranz, das ist die metaphysische Toleranz, die von Gott kommt. Die ist das wunderbarste, was man sich vorstellen kann. Und da ist ja der Brückengedanke. Ich bin mit allen Menschen gut. Es gibt überhaupt keine Gattung Menschen, unter denen ich nicht irgendwelche Freunde hab', und ich möchte – wie Sie ja lesen werden – die Brücken schlagen zu all diesen Menschen. Damit, wenn schon nicht das ärgste verhindert werden kann, die Grausamkeiten, die immer waren und leider immer sein werden – wenigstens ein wenig gemildert werden könnten. Natürlich nur mit Hilfe der göttlichen Gnade.

Im Essentiellen hab' ich gar kein Motiv, eine wirklich großartige Lehre, also eine Lehre, die Christus vertreten hat, zu bewundern. Und wenn ich einen medialen Zuruf bekäme, der mir sagen würde, daß ich in die Kirche zurückkommen soll, und wenn ich überzeugt wäre, daß dieser Zuruf wirklich ein geistiger Hinweis ist, würde ich es glatt machen. Meine zweite Frau ist aus eigenem Antrieb auch aus der Kirche ausgetreten. Ich bin 40 Jahre aus der Kirche ausgetreten, aber ich glaube schon, daß ich ein sehr religiöser Mensch bin. Das gehört auch zu der Sache: meine Jugenderlebnisse. In Olmütz wurden wir Kinder in Zweierreihen in die Mauritzkirche geführt. Da sind wir vorne alle gestanden vor dem Altar und haben uns gegenseitig behindert und so weiter... Seit dieser Zeit hab' ich einen Horror vor diesen allgemeinen Herdengefühlen. Denn ich finde keinen Kontakt, wenn ich nicht allein bin. Wenn ich mein Brevier bete, am frühen Abend, so muß ich die Augen schließen. Da kann ich nicht einmal die Umgebung sehen. Überhaupt das Konzentrieren! Das ist ja das Wunderbare, diese Konzentration, die man so bewundern muß beim Meister Eckhart. So sehr ich Meister Eckhart bewundere, habe ich eine andere Eingebung bekommen, und meine Eingebung lautet, daß alles, was von innen kommt, Ehrgeiz und Streben nach Macht ist. Die heilige Gnade bringt alles unverhofft, unerwartet und immer von außen. Der Weg ist also nicht von der Erde durch Bittgebete zum Allerhöchsten, sondern der Weg ist durch die Gnade vom Allerhöchsten zum Menschen, und zwar zum begnadeten Menschen, der eben ein geistiges Leben anstrebt. Aber nichts ist Kritik. Den jungen Menschen würde ich raten, ein geistiges Leben anzustreben, hinter allem ein göttliches Wirken zu sehen. Man muß unterscheiden zwischen Religion und Konfession. Konfession ist ein Bekenntnis einer gewissen Menschenmenge: Ich verehre alle Konfessionen, weil sie dem Menschen in seiner schweren Aufgabe wirklich ungeheuer viel geben. Und es ist, glaub' ich, vergeblich, mit gewissen Reformen, wie sie heutzutage angestrebt werden, irgendwelche Veränderungen zu machen. Eine Heilslehre kann nicht verändert werden. Der Papst muß zum Beispiel gegen diese Geburtenkontrolle sein, weil er kann nicht gegen das Leben sein. Was er könnte – aber dieser Papst sicher nicht tun will – er könnte etwas beiseite schauen. Aber der Mann hat ja auch schon soviel erlebt und sich bemüht, durch seine Propagandareisen viel für die Kirche zu machen, und es gibt kein hohes geistiges Instrument ohne eine Institution, wie man jetzt sagt die Amtskirche. Denn wenn die Amtskirche nicht wäre, so hätte sich sicherlich dieser Triumph, der durch die geistige Eroberung aus der ganzen Welt durch die christlichen Gedanken hervorgebracht wurde, nicht so halten können. Die Kirche muß mit der Macht kooperieren, so eben der von mir sehr geschätzte Kaiser Franz Josef I., der ja seinen übernationalen Staat nur im Bündnis von Thron und Altar regieren konnte ... Ich kenne kein Bittgebet, nur ein Dankgebet. Und ich bitte zum Beispiel die Seele meiner Frau, mit der ich engstens verbunden bin, um Lebensmut, Lebenskraft, Arbeit und Atem. Und ich bin zufrieden.

Wenn ich zurückblicke, muß ich wirklich sagen, ich bin von einem Wunder zum andern gekommen. Und ich bin ungeheuer dankbar.

Dankgebet

Verzweiflung
ist Verrat an Gott
und Eigennutz des Herzens,
gepaart mit menschlicher Angst.

Horche in Demut der Gnade
und richte dich auf,
gleich dem zur Erde
gedrückten Halm
und lobpreise Gott.

(Walther Maria Neuwirth: Aus der Mappe eines Patriarchen)

Josefine S.: „Ich bin froh, daß ich noch soviel denken kann"

Ich bin am Brigittaplatz geboren. Die Dampftramway ist da noch gefahren auf der Jägerstraße, damit bin ich auch noch gefahren ... Wir waren sechs Kinder, und meine Mutter war eine Witfrau. Mein Vater ist schon im 8er Jahr gestorben, der war erst 43 Jahre alt. Und sie hat sich mit den sechs Kindern „fortwursteln" müssen, sie hat ja nichts gehabt. Und wie der Krieg ausgebrochen ist, war ich 14 Jahre alt. Da haben wir Hunger gehabt. An einem Tag hab' ich geweint vor lauter Hunger. Später haben wir uns so schlecht und recht durchgebracht. Fünf Klassen Volksschule haben wir gehabt und drei Klassen Bürgerschule. Dann war ich Schreibkraft in einer Fabrik mit lauter Lehrburschen. Meinen Mann habe ich durch meine Schwester kennengelernt, die hat uns zusammengebracht. Sie hat geheiratet und gesagt „Paß auf, du kennst ja den Franz. Heiraten wir miteinander, da kommt's billiger." Und da haben wir miteinander geheiratet, das war im 21er-Jahr', in der Brigittakirche ... Im 70er-Jahr' waren wir in der Steiermark auf Urlaub, und er hat geglaubt, er hat sich den Magen verdorben. Und dabei hat er gesagt „Geh' mir zum Doktor rauf und bring mir ein Medikament". Und der Doktor hat aber gesagt „Nein, der Herr soll nur selber kommen, weil wir schicken ihn zur Durchuntersuchung". Jetzt ist er ins Allgemeine Krankenhaus gekommen zur Durchuntersuchung, und da haben sie ihn untersucht und gesagt „Es ist nichts mehr zu machen, er hat Magenkrebs". Er hat das ja gar nicht gewußt, hat das aber gehört und hat mir's bei der Besuchsstunde erzählt. Er ist nur vierzehn Tage drinnengelegen und dann gestorben. Und wie er gestorben ist, hab' ich auch so einen Schub gehabt, vielleicht war's auch ein kleines Schlagerl, denn ich hatte ein bißchen eine Gesichtslähmung. Die ist nach drei Wochen wieder vergangen, das war aber für mich schon ein Schock. Und ein Jahr darauf hab' ich

Schmerzen im Darm gekriegt, und da bin zum Arzt gegangen und im Hütteldorfer St.Josef-Spital operiert worden. Zuerst war das eine leichte Operation, aber dann haben sie wahrscheinlich eine Probe eingeschickt, und das war auch Krebs. Und da haben sie mich wieder operiert, und ich habe einen künstlichen Darmausgang gekriegt. Das war für mich ein Weltuntergang. Mich damit zurechtzufinden, damit bin ich mein ganzes Leben nicht fertig geworden. Da hab' ich direkt alle Zustände bekommen. Zuerst hab' ich gedacht, na, vielleicht leb' ich noch ein Jahr, und dann noch ein Jahr ... und jetzt werde ich 100! Und jetzt leide ich halt an Schwindel und am Nicht-Sehen. Ich hab' den grauen Star bekommen, und damit ist es schließlich zu Hause nicht mehr gegangen, ich war allein, Kinder hab' ich keine gehabt ... Im Haus waren auch schon lauter ältere Leut', und die sind in ein Heim gekommen. Und da hab' ich mir gedacht, na, gehst einmal fragen. Und die haben mich aufgenommen, das ist jetzt viereinhalb Jahre her. Es ist halt gut, daß man man diese Einführung hat, weil wo könnte ich hin? Ich hab' einen Neffen, der betreut mich. Bitte, ich hab' da auch eine Betreuung und alles. Und dann brauch' ich jetzt nicht kochen. Obwohl ich ja nichts vertrag', ich hab' eh Schonkost, aber trotzdem. Ich hab' jetzt erst richtige Beschwerden. Bitte, das Alter, alles hilft mit. Da denk' ich mir, unser Herrgott soll mir die Kraft geben, daß ich über das hinwegkomm' ... die Hauptsache ist, daß mir der Verstand bleibt, zu verstehen. Unsere Verwalterin hier ist ein sehr ein liebevoller Mensch. Aber ich bin sehr wortkarg geworden. Es kann schon sein, daß das damals, wie ich ein kleines Schlagerl gehabt habe, begonnen hat ...

Früher hab' ich gerne Partien gemacht. Im Wienerwald hab' ich vom Kahlenberg bis St.Andrä-Wördern bald jeden Baum gekannt. Da sind wir von der Stadt aus gegangen, weil damals war ja ein schlechte Zeit. Später dann haben wir schon auch weiter fahren können, da sind wir in der Steiermark gewesen und in Jugoslawien. In der Steiermark war's so schön auf der Ramsau, da hat man oben wandern können. Dann sind wir auf dem Dachstein gewesen, oben in den Schutzhütten überall. Und diese Röserln, der Almrausch! Jö, da bin ich drinnen gelegen, da hab' ich mich so gut gefühlt, damals war ich noch glücklich. Weil ich meine Beschwerden auch noch nicht gehabt hab'. Aber nachher ist die Welt zusammengebrochen. Und ganz komm' ich nicht drüber hinweg. Ich mein', es ist ja nicht möglich, weil man ist geschädigt, das heißt behindert. Von Jugend auf war die Muttergottes unser Schutz, und da denk' ich mir, da halt ich mich halt an, daß ich da die Kraft find'.

Man muß sich in allem dreinfinden. Zuerst stürzt die Welt alle Tage wie eine Kleinigkeit ein, sodaß man glaubt, sie bricht zusammen, und dann fassen Sie alles. Sie müssen bedenken, man muß die größte Reinlichkeit haben bei meinem Zustand. Aber bis jetzt haben mir der Herrgott und die Muttergottes geholfen ...

In der Kindheit waren wir bei der Donau auf den Wiesen Tempelhüpfen, im Sand spielen ... Schwimmen hab'ich nicht können, weil vorm Wasser hab' ich mich gefürchtet, ich war ein ängstliches Kind. Meine Mutter hat allweil zu uns gesagt „Seid's nur brav, weil ihr wißt's, ich bin a Witfrau. Und wenn ihr nicht brav seid's, sind die Leut doch anders". Schlimme Kinder waren wir nicht. Wir waren schon beliebt, weil wir ruhige Kinder waren. Ich hab' noch zu meiner Mutter „Sie" gesagt, weil man hat überhaupt zu den Eltern „Sie" gesagt, es war die Zeit so.

Meine Mutter ist 86 Jahre alt geworden. Von ihr ist auch ein Krankheitserbe. Sie hat immer gesagt, sie hat einen Bruch, und hat dann auch Schmerzen gekriegt, das war im 47er-Jahr'. Da haben wir den Doktor geholt, und der hat zu meiner Schwester gesagt „Sie hat den Krebs." Sie hat nur kurze Zeit gelitten. Damals war ich in Urlaub und bin von der Steiermark wieder heimgefahren. Und sie ist unter 14 Tagen gestorben.

Heute geh' ich nur mehr hinunter in den Hof wegen der frischen Luft. Weiter kann ich schon nicht mehr, weil ich leid' jedesmal an Schwindel.

Aber ich bin auch froh, daß mir der Herrgott das gelassen hat, daß ich noch soviel denken kann und daß ich noch alles überstehen kann. Sehen tu ich nichts, alles grau. Die Ärzte haben gesagt, ich kann mich noch einmal operieren lassen, aber ich muß auch das Alter rechnen, und da kann es sein, daß ich danach gar nichts seh'. Und jetzt hab' ich immerhin noch einen Schein. Da ist mir der Schein lieber, wenn ich noch zurechtkomm', als wie wenn ich gar nichts seh' ... Wenn man sieht, hat man freilich auch andere Gedanken, man hat einen ganz anderen Weitblick. So ist halt das Leben, aber ich muß es nehmen, wie es ist. Ich mein', ich bin nur froh, daß ich's überdauern kann. Denn ich war 49 Jahre verheiratet. Und durch den Schock, der auf den Tod meines Mannes draufgefolgt ist, hab' ich dann meine Beschwerden gehabt. Das war unüberwindlich. Damals hab' ich Bekannte von meinem Mann gehabt, wie er Berufsschullehrer, die haben mich immer mit dem Auto mitgenommen. Freilich, jetzt sind sie wahrscheinlich auch schon alle gestorben ...

Die Jugendzeit war ja schön. Wir haben es schön zu Hause gehabt. Wir haben nichts gehabt, aber so ein Familienleben. An meiner Mutter sind wir alle sehr gehangen. Auch die Geschwister waren einer für den andern da, heute ist das ja nicht mehr so. Vier Schwestern und zwei Brüder waren wir, der älteste und der jüngste waren Buben. Da haben wir immer gesagt „Mein großer Bruder". Der war ja um zehn Jahre älter. Na, und der hat auf uns aufpassen müssen, aber wir waren ja alle brav.

Botschaft

Solltest du Botschaft bringen,
letzte Rose?
Deine Knospe öffnete
wärmende Zimmerluft,

während draußen im Garten
der Strauch, der dich trug,
schon im Nebelreif darbt.

Letzte Rose,
von deiner Wurzel getrennt,
Duft und Schönheit

bietest als Leiche du,
Botschaft in deiner
stummen, hilflosen Weise
aus einem anderen Sein

(Walther Maria Neuwirth: Versunken die bitteren Worte)

Johanna L.: „Man weiß sich ja auch immer was zum Erzählen ..."

Bei mir war's so, daß mein Vater 16 Monate lang krank war und sie ihn dann entlassen haben, weil sie ihm gesagt haben, er wird die Arbeit nimmermehr leisten können. Sie haben ihm aber einen Posten verschafft, natürlich für geringeres Gehalt. Die Firma im 19. Bezirk – „Pam Pam“ glaub' ich, ist jetzt drinnen – ist damals erst entstanden, na, und ich bin auch hingegangen und aufgenommen worden. Zuerst wurden Zigarettenhülsen erzeugt, und später dann Papiertaschentücher und solche Sachen. Um Weihnachten hab' ich dort begonnen – ich war so zwischen 14 und 15 Jahre alt, nach der Haupt– und Bürgerschule. Jetzt bin ich als „älteste Schülerin von der Pöchlarnstraße“ gefeiert worden und hab' ein schönes Gesteck bekommen ...

In der Zeit der großen Arbeitslosigkeit um das 32er Jahr haben wir immer Ausflüge auf's WIG-Gelände gemacht. Wir Frauen haben uns eine Strickarbeit mitgenommen, und die Männer haben Karten gespielt, Schach, Fußball ... Am Abend sind wir dann ins Gasthaus Nachtmahl essen gegangen zu einem Krügel Bier und was halt übergeblieben ist vom Tag. Das war unser Sonntagsvergnügen. Da treff' ich eine Bekannte, und die hat gefragt, ob wir nicht vielleicht einen Garten nehmen wollen: „Bei uns ist es schön, wenn's regnet, ist so ein kleines Hütterl dort ...“ Na, und da haben wir dann natürlich Gemüse und Ananas (Erdbeeren, Anm. d. Verf.) angebaut, alles, was halt war, bei der Station Leopoldau/Ladestelle. Den Garten haben wir dann 40 Jahre gehabt. Das Glück wieder: So nette Nachbarn! Da waren anschließend Gärten, also kein vis-à-vis, nichts. Aussicht über ganz Wien, es war wirklich herrlich. Wie dann das Fernsehen gekommen ist, da war dann das „Gmüatliche“ ein bisserl weg. Weil, wie wir das Fernsehen noch nicht gehabt haben, sind die Leut' am Abend in den Wegerln spazieren gegangen, und da haben wir gesagt, kommt's doch her auf ein Plauscherl (mundartl.: kleiner Tratsch, Anm. d. Verf.), ... Da waren die Leute mehr geselliger, sind mehr z'sammgangen. Das war dann eigentlich vorüber. Mein Mann Josef war an der Stephanskirche als Steinmetz beschäftigt, und da hat er immer in der Früh und am Abend den Weg gehen müssen, da ist noch kein Zeiselwagen gefahren. Später dann ist der Zeiselwagen, und danach der Bus gefahren. Da war's dann schon leichter.

Meine Mutter war Hausfrau und leider asthmaleidend, sie ist, 72 verstorben. Der Vater ist fast 80 geworden, und meine Schwester Franziska 72 ... Kurze Zeit hab' ich im 2. Bezirk gewohnt, weil mein Vater da beim Nordwestbahn–Konsum beschäftigt war, und dann ist das Haus in der Pasettistraße gebaut worden, rundherum waren noch lauter Schottergruben. Von dort bin ich dann, wie ich geheiratet hab', in die Engerthstraße gezogen. Wir waren 53 Jahre verheiratet. Mein Mann ist fast 90 Jahre alt geworden, trotzdem daß er sehr krank war und mehrere Operationen gehabt hat. Kinder haben wir keine gehabt, weil da war nicht viel los mit der Kasse, wie man so sagt. Der Mann hat drei Schwestern gehabt, und die hat er unterstützen müssen. Weil mein Mann viel krank war, haben wir vorsichtiger gelebt. Mein Mann hat manchesmal gesagt, koch' doch, was dir schmeckt. Na, wie hätt' mir das geschmeckt, wenn ich weiß, der hätt' das auch gern gegessen? Ich hab' Nierensteine gehabt, aber das ist eigentlich, kann man sagen, ganz gut vorübergegangen. Ich hab' dann ab und zu schon ein bisserl was gespürt, aber das war zum Ertragen. Mit den Augen hab' ich den grünen und den grauen Star operiert, auch schon lang' her, im 60er und im 70er Jahr. Ich streng' mich nicht so an, sondern ich tu alles ein bisserl. Fernsehen tu ich nicht zuviel, ein bisserl lesen, na, und Arbeit macht mir nichts. Nur:

Ich hab kein Gefühl in den Fingern. Da fällt mir alles aus der Hand, und da ärger' ich mich auch manchmal. Aber das muß man alles in Kauf nehmen. Ich sag', nur das Gedächtnis soll man sich erhalten können, so gut es geht.

Wie ich noch bei der Firma war, ich bin ja als 14-jähriges Mädel hingekommen, da war ich ein bisserl so ein Liebling, das Mundwerk ist 'gangen. Nur, heute ist es das Gegenteil, heut' bin ich mehr ruhiger. Und da haben's mich – ich will mich net loben – ganz gern gehabt so. Und dann ist im 32er Jahr die große Arbeitslosigkeit gekommen, es sind viele Leute abgebaut worden. Bei meinem Arbeitstisch mußten wir drei sein. Jetzt war ich die erste, weil die eine war nicht verheiratet, die andere war eine Witwe ... also bin halt ich gegangen, nach 18 Jahren. Mir hat's damals nichts ausgemacht, weil der Mann hat eine Arbeit gehabt. Meine Eltern und meinem Mann seine Eltern, wir haben nicht weit auseinandergewohnt. Wenn ich einkaufen gegangen bin, bin ich natürlich zu meiner Mutter hinaufgegangen. Wenn ich da ein bißchen später gekommen bin, hat's schon bei der Stiege heruntergeschaut „Kommt's schon oder kommt's net?" Also haben wir ganz ein gutes Verhältnis gehabt. Ich war mit den Schwiegereltern 13 Jahre beisammen, aber so eine Schwiegermutter! Die hat über mich nichts kommen lassen. Wir haben auch wirklich gar keinen Streit gehabt. Wenn ich mir da etwas hergerichtet hab, das ist dort liegenblieben, bis ich mir's wieder selber weggeräumt hab'. Gestrickt haben wir viel, und ich war – wie man sagt – eine Bastlerin. Weil wir uns finanziell nicht so gut gestanden haben, waren wir mehr bescheiden in allem. Wir haben uns schon auch was geleistet, sind auf Urlaub gefahren, haben Tagesfahrten gemacht. Ich bin nur froh, daß ich mir damals für alles eine Karte gekauft hab', da weiß ich heute, wo ich überall war. Zu meinem Namenstag, vor 4 Jahren, hab' ich mich angemeldet für's Pensionistenheim. Da hab ich nämlich zwei Oberschenkelbrüche gehabt. Weil ich war eine „Geschwinde"... Na, was kann man machen! Und ich bin froh, daß ich da bin, wirklich wahr. Man braucht sich um nichts kümmern. Ich weiß net, manche Leute können über alles so raunzen. Hundertprozentig ist nichts, nicht einmal, wenn man sich's selber kocht, schmeckt's einem oft so. Manchmal, wenn ich dort im Bett lieg', ist mir so, wie wenn mein Mann in der Nähe wäre. Da ist mir so, wie wenn er zu mir was reden tät'. Ich hab' mit meinem Mann gut reden können. Da war höchstens ich diejenige, die eventuell etwas behauptet hat. Das hat mir dann aber auch nicht gepaßt, wenn er gesagt hat „Ja, schau, einer muß nachgeben." Ja, wer? Ich bin viel mit meiner Schwester beisammengewesen. Und zufällig haben wir einmal auf der Mariahilferstraße von meiner Schwägerin ihrer Seite jemanden getroffen, mit dem wir auch sehr gut waren. Wir haben uns gefreut, weil wir uns schon lang nicht geseh'n haben und erzählen uns ... Na, ich komm heim und erzähl' das meinem Mann, da hat er gesagt: „Aber gedacht hast dir nicht einmal, daß du verheirat' bist?" Na, also hab ich natürlich gleich wieder andere Seiten aufgezogen, da war wieder alles gut.

Man weiß sich ja auch immer was zum Erzählen. Ich hab' da zwei Frauen, meine Lieblinge: Eine davon war mir für die Wohnung behilflich, und die andere für alles andere. Und wir verstehen uns ganz gut miteinander. Bei uns gibt's das nicht, daß wir irgendwelche Debatten haben. Ich glaub', das ist es: Sie haben ihre Ansicht, ich die meine, ...

Es rauscht im Laub der Bäume
die Zeit ihren alten Gesang.
Gedanken, Sorgen und Träume
erwachen in ihrem Klang.

Der Sorgen gab es so viele
und abgrundtief war das Leid.
Es rauscht im Laub meiner Träume
das Glück der Vergangenheit.

(Walther Maria Neuwirth: Aus der Mappe eines Patriarchen)

Maria W.: „Ich würde wahrscheinlich wieder so leben ..."

Meine Eltern haben in der Walfischgasse gewohnt, und da bin ich zur Welt gekommen. Als ich drei Jahre alt war, hat sich mein Vater im Waldviertel ein Haus gekauft und ein Geschäft gegründet. Und dort bin ich aufgewachsen. Ich bin ein Fan des Waldviertels. Im Waldviertel bin ich in die Volksschule gegangen. Und dann sollte ich in das bekannte Pensionat Langenlois-Haindorf in die Bürgerschule, die drei Jahre hätte dauern sollen. Ich bin mit der Mutter zur Aufnahmsprüfung hingefahren, und ich hab' so einen wunderbaren Volksschullehrer gehabt, daß ich gleich die Prüfung für die 2. Klasse bestanden habe.

Wir waren 8 Kinder, und ich die älteste. Mehr brauch' ich nicht sagen. Meine drei Brüder sind alle Lehrer geworden, der jüngste lebt, Gott sei Dank, noch. Er ist jetzt 91 und wir telefonieren miteinander. Mein Vater ist alt geworden, 93, aber die Mutter ist früh gestorben, sie hatte ein schwaches Herz.

Meine Mutter war sehr klug und sehr gut. Wie ich 12, 13 Jahre alt war, ist sie schwer krank geworden, und da hat der Prälat an die Oberin geschrieben, sie soll mich befreien, damit ich heimfahren kann. Da bin ich in der Nacht in Gars ausgestiegen und alleine zwei Stunden durch den Wald hinauf ... gebetet hab ich. Und wie ich nach Hause gekommen bin, hab' ich den Haushalt übernommen. Es war ein Muß, ich war die älteste ... Ich bin dann wieder zurück und hab' die Bürgerschule abgeschlossen, und mit 17 bin ich nach Wien zur Post gekommen. Nach der Einschulung war ich in der Dreihackengasse in der Telefonzentrale. Da war das so, daß die älteren Kolleginnen den Nachtdienst nicht mehr gemacht haben. Den haben sie uns verkauft! Wir Postschülerinnen haben eine Krone für den Nachtdienst gekriegt, wissen Sie, was das damals war? Das war ungeheuerlich! Und daneben sind wir in die Stadt gegangen, in der Postgasse war die Schule.

bin, sind die Schüsse schon gefallen, und die ganzen Parkbankerln waren umgestürzt, um die Panzer aufzuhalten. Obwohl das ja ein Blödsinn war ... Ein paar Tage nach der Belagerung ist unser Hauptkassenführer, der nicht bei der Partei war, zu mir gekommen, und wir zwei sind ins Amt gegangen. Das kann ich Ihnen nicht erklären, wie es dort ausgeschaut hat! Geplündert! So hoch sind wir in den Postpackerln gegangen, alle waren aufgerissen. Das waren die Tito-Truppen, die haben das Haus besetzt. Und die Damengarderoben waren ihre Klos. Das kann sich niemand vorstellen. Und wir haben halt angefangen, ganz von Neuem. Hie und da ist schon jemand von den Bediensteten gekommen, aber manche sind nicht mehr gekommen, die haben draufgezahlt, speziell die in den Außenbezirken. Es war fürchterlich! Bevor die Belagerung gekommen ist, mußten wir alle Papiere verbrennen. Es hat geheißen, wenn der Ruf „Wolf" kommt, alles verbrennen. Jahrelang hab ich in der Personalstelle gearbeitet, von hundert Personen die Personalien ... Alles verbrannt im Hochhaus im Heizungsofen! Das hat wehgetan. Und jetzt halt wieder schön kleinweise von jedem die Personalien aufbauen ... Auch nach dem Krieg hab ich die Personalstelle geführt, ich bin zu Fuß gegangen, ich hab's ja nicht so weit gehabt: Von der Stadt bis zum Hera und dann rund um die Volksoper. Da hat ja der Kampf getobt, und da waren dann Russengräber, weil auch Russen gefallen sind. Und schön langsam hat sich halt alles wieder normalisiert. Mein Sohn ist dann auch mit den ersten Kriegsgefangenen zurückgekehrt, hat sein Studium der Germanistik und Geschichte in Rekordzeit beendet, geheiratet und ist in den Schuldienst eingetreten. Ich bin versetzt worden nach Sigmundsherberg. Dort war das größte Kriegsgefangenenlager, 40.000 Italiener gefangen. Und das war eine harte Zeit. Denn dort bin ich als Telegrafistin eingesetzt worden, und ich hab' doch nie mehr telegrafiert nach dem Kurs! Die Wienerin hat gedrückt „Mit Ihnen arbeite ich nicht." Und ich hab' zurückgedrückt „Ich bin allein." Es war schon zehn Uhr abends, und ich hab' noch so einen Stoß chiffrierter Telegramme vom Lager gehabt, na, da ist ihr nichts übriggeblieben ... Da hat sie wieder gedrückt: „K – Kommen ..." Lauter chiffrierte Telegramme! Man hat sich nichts vorstellen können, gar nichts, aber ich hab' mich dann „hineingegraben", sodaß ich's nach dem Gehör hab' nehmen können, aber natürlich auch mitgeschrieben ... Die Kriegsgefangenen waren sehr arm, aber telegrafieren konnten sie doch nach Italien, an ihre Angehörigen, und deshalb haben wir solche Stöße von Telegrammen gehabt. In Sigmundsherberg hab' ich zuerst in einem Gasthaus Quartier bekommen, wo ich an einem Nagel (!) mein Gewand aufgehängt hab', und dann in einem neugebauten Haus ein Kabinett. Und der Erbauer dieses Hauses war der Onkel meines Mannes, der dann auch auf Besuch gekommen ist ...

Nach meiner Pensionierung bin ich viel gereist, noch mit 80 auf's Nordkap geflogen. 1992 bin ich in meiner Wohnung gestürzt und 17 Stunden hilflos gelegen. Und seither bin ich hier bei meiner Schwiegertochter Maria – mein Sohn ist jetzt drei Jahre tot – und werde gut verpflegt ... Ich lese die Zeitung, und Fernsehen ist sehr wichtig, manches gefällt mir und vieles nicht. Außerdem ist da eine Bibliothek in der Wohnung! Ich such' mir auch ganz alte Bücher, wo man die Schreibweise heute nicht mehr hat, aber mir sagen sie zu.

Die heutige Zeit ist ganz anders als sie in unserer Jugend war. Da hat sich viel mehr in der Familie abgespielt. Da waren die Gespräche mit der Mutter. Ich seh' mich heute noch im großen Wohnzimmer, da sind wir Kinder gelegen. Die Mutter ist unter der Hängelampe gesessen und hat für uns gestrickt und Geschichten erzählt. Aber zuerst haben wir beten müssen.

Das dank' ich unserm Herrgott, ich kann alles noch begreifen. Ich würde wahrscheinlich wieder so leben, wie ich gelebt hab'. Immer an das denken, was die Mutter g'sagt hat, und daß man halt Schweres erlebt hat.

nicht viel Lust gehabt – „Komm mit!“ Da sind wir spazierengegangen und auf die Mariahilferstraße gekommen, und da war der Hubertuskeller. Und sie sagt: „Kommt's, geh'n wir rein, kaufen wir uns irgendwas zum Trinken.“ Und ich hab' gesagt „Mein Gott, ich will das nicht.“ Hat die Schwester gesagt „Na komm', kauf' ma (mundartl: kaufen wir) uns ein Soda mit Himbeer oder irgendwas.“ Na, da bin ich mitgegangen. Wie wir drei dort beim Tisch sitzen, sitzen schräg 'rüber drei Männer. Und ich geh' dann aufs Klo, weil wir schon bald heimgehen wollten. Da kommt von den drei Männern einer zu mir, begrüßt mich und sagt „Stellen Sie sich vor, der schwarze Herr hat Interesse für Sie.“ Sag' ich „So? Hab' ich noch gar nicht bemerkt.“ Na, und wie wir dann aufstehen und fortgehen, gehen die drei Männer auch. Mein Mann hat sich gleich an mich angeschlossen und hat gefragt, ober er mich nach Hause begleiten kann. Na, und ich hab' gesagt „Ja, bitte“ – und so sind wir halt zusammengekommen. Die Rendezvous' sind nacheinander gekommen, und die Mutter hat gesagt „Er ist ein braver Mensch, tut's heiraten, und wir haben wieder einen Mann in unserer Familie.“ Wir haben nämlich eine größere Wohnung gehabt und mein Vater war in der Zwischenzeit verstorben. So haben wir uns zusammengesprochen und uns entschlossen zu heiraten. In Mariazell haben wir dann geheiratet, ich war dreiundzwanzig Jahre alt. So ist halt mein Leben angegangen.

An dem Tag, an dem mein Mann seinen letzten Dienst gehabt hat, war der Abschied ganz komisch. An den denk' ich immer. Wir haben uns meistens in der Küche verabschiedet. Und an dem Tag sind wir ins Vorzimmer zum Verabschieden, und ich sag' „Julius, bitte paß auf, daß dir nichts passiert.“ Und er sagt darauf „Was soll mir passieren, ich mach' ja auch niemandem etwas.“ Ich hab' das gespürt. Das war im 48er Jahr. Fünf Jahre vorher war mein Sohn gefallen. Der Oberstleutnant von der Polizei ist mit meinem Schwager in die Wohnung gekommen und hat gesagt „Bitte, ich möcht' die Geschwister zusammenrufen". Der Schwager hat das gemacht, und da sind der Bruder und die älteste Schwester gekommen. Dann hat der Oberstleutnant gesagt, was passiert ist. Und ich hab' gesagt „Jö, bitte, wo liegt er denn? Wo liegt er denn?" Und er hat gesagt: „Er liegt jetzt im Spital. Und das liegt jetzt in den Händen der Ärzte." Und ich hab' gesagt: „Bitte, wo liegt er denn? Ich muß ihn besuchen." Und zu meinen Geschwistern hat er gesagt: „Ich bitt' Sie, lassen's mir's nicht allein". Und da hat mich der Bruder monatelang zu sich genommen, und dann hat sich die älteste Schwester angeschlossen. Da hab' ich fast ein halbes Jahr bei der Schwester gewohnt, weil sie auch Witfrau war. So hab' ich das ganze überbrückt. Ich glaub' an meinen lieben Gott. Er hilft mir immer. Wenn ich noch so schweres Leid hab'. Ich geh' auch alle Sonn- und Feiertage in die Kapelle. So lange ich die Augen offen hab' und kann, werd' ich immer noch gehen ...

Heute lese ich gerne und die Nachbarin gibt mir Hefte, viele verschiedene. Dann geh'ich wieder am Gang spazieren ... Mein Mittagsschlaferl muß ich halten, so um drei Uhr werd' ich munter. Wenn's schön ist, geh' ich dann auf den Balkon. Ich bin seit 15 Jahren im Pensionistenheim. Einmal, im 94er Jahr, bin ich im Waschraum vom Sessel gerutscht und hab' sofort einen furchtbaren Schmerz gehabt, das war ein Schenkelhalsbruch. Da war ich im Spital, im AKH (Allgemeines Krankenhaus, Anm. d. Verf.). Ich bin operiert worden, und Gott sei Dank ist alles gut verlaufen. Mein Vater ist nicht alt geworden. Er war herzkrank und ist 63 Jahre alt geworden. Die Mutter war 88. Heute strengt mich schon alles an, weil die Zeit bleibt nicht stehen, und man wird nicht gesund – im Gegenteil! Und da fällt mir schon alles schwer, viel, viel schwerer. Aber bitte, ich verbring' den Tag doch immer schön. Ich fühl' mich hier gut aufgehoben. Was könnt' ich denn alleine machen? Ich könnte doch nichts machen, ich hab' doch eine größere Wohnung gehabt. Obwohl, mein Mann hat mir auch viel geholfen. Er hat auch gesagt „Du nimmst dir wen, gelt? Zumindest für die grobe Arbeit." Na, und dann ist die Gretel gekommen. Wie sie zum ersten Mal gekommen ist, war's ein Schulmädel. Ich hab zusammengeräumt und sie hat gründlichgemacht. Die kommt mich heute noch besuchen. Und heute fragt sie noch: „Brauchen Sie was? Ich mach' Ihnen's". Bringen möcht' sie mir noch und noch. Sag ich „Bitte, bring' mir net zuviel, ich kann's net essen." Essen kann ich nimmer soviel. Der Magen ist auch kleiner. Und überlasten tu ich ihn nicht, die Übelkeiten kann ich mir ersparen ...

Fernsehen tu ich nicht, ich hab' auch keinen Radio. Wir haben natürlich einen Radioapparat gehabt. Aber wie der Sohn gefallen ist, ist er schon ruhig gestanden, da haben wir uns nur grad mehr die Nachrichten angehört. Das war so ein schönes Eck, da sind wir immer gesessen und haben zugehört. Na, und dann ist das mit meinem Mann passiert. Und jetzt hab' ich gesagt `ich kann das Eck nicht mehr anschauen, ich hab' allweil den Mann dort sitzen gesehen! Ich nehm' den Apparat und trag' ihn zum Elektriker, und wenn ich ihn ihm schenk'! Nur weg, nur weg! Musik werd' ich überhaupt nie mehr hören!' Manchesmal drückt's mich schon. Da glaub' ich, ich kann's nicht mehr mitmachen. Und dann geht's doch wieder. Ich bin froh, daß es heute die Polizeiautos gibt. Wenn sie heute so in den Autos vorbeifahren, denk' ich immer an meinen Mann. Früher sind die Posten noch herumgegangen, da bin ich beim Spazierengehen oft mit ihnen zusammengestoßen, wenn sie Kontrolle gemacht haben. Ich denk' mir oft, mein Gott, wenn ich nur wieder so eine Gelegenheit hätte, daß ich's so spür'.

künstler mit einem Fronttheater gereist bin. Na, da bin ich bis über den nördlichen Polarkreis gekommen. Da hat es von Amts wegen die Einteilung gegeben, wo die sogenannten Fronttheater auftreten. Die haben immer einen Termin von ca. 1 Monat gekriegt, damit in diesem Gebiet so ziemlich alle kommen können: Diese Theaterauftritte waren natürlich hauptsächlich vor Militär, aber auch in Spitälern. Da hat es manchmal Nachmittagsvorstellungen gegeben, schon weil sie nicht mit den Besuchen nachgekommen sind, und ansonsten am Abend Vorstellungen vor Telefonistinnen usw ... Ich bin in aller Herren Länder gekommen mit dieser Zauberei. Die sind gebietsmäßig eingeteilt worden, Litauen, Lettland, Estland, Polen, Tschechoslowakei, Randgebiete von Ungarn ... Angefangen hat es mit über zwanzig Künstlern, und dann ist das gestutzt worden, bis es am Ende 12 waren, darunter waren neun Musiker und drei Artisten. Ich der Zauberkünstler, der zweite ein akrobatischer Steptänzer, der war ein Berufskünstler – der war sogar zweimal im Ronacher (eine Kabarettbühne, Anm. d. Verf.) in Wien als Steptänzer – und der dritte war ein humoristischer Schnellzeichner. Der hat zugerufen, sagen wir „Nennen Sie mir eine Nummer!“ Das war ganz gleich, ob das ein 8er war oder ein 2er oder sonstwas. Diese Zahl hat er schon so gezeichnet oder gemalt, daß er dann daraus irgendetwas konstruieren konnte. Der war ein guter Zeichner.

Ich war verheiratet, meine Gattin ist mir aber ziemlich zeitig gestorben. Sie ist kränklich gewesen und bald gestorben, dann war ich Witwer. Ein zweites Mal hab' ich nicht mehr geheiratet. Ich hab' eine Tochter, die mich auch hier im Heim besucht, weil sie ja auch da in der Gegend wohnt. Man lebt eben in der Zeit, ob sie so oder so ist, man muß in der Zeit mitleben. Ich habe im allgemeinen durchschnittlich gesund gelebt, nie geraucht. Ich hab' sogar noch hier im Heim – ich bin ja jetzt 16 Jahre hier – die ersten Jahre Vorstellungen gegeben, und da sind natürlich die Leute gekommen ... Die schon in der Vorstellung waren, sind wieder gekommen, weil sie neugierig waren auf diese Vorführungen. – Meine besten Tricks? – Ha, ha, das ist schwer zu sagen. – Ich hab' meist den ausgeborgten Ehering verschwinden lassen, sodaß die Leute ganz entsetzt waren. Und dabei stand aber auf dem Tischlein, das ich auf der Bühne hatte, eine kleine Kassette, und in der war der Ring dann drinnen ... Ich hatte immer Humor, das bringt ja eben die Beschäftigung mit sich. Ich hab' mich als Schuljunge schon spielerisch mit kleinen Verschwindesachen oder was so in die Zauberei hineinpaßt, betätigt, na, und aus dem ist dann der richtige Zauberkünstler geworden. Freilich erfordert das Übung. Übung und Täuschungstechnik. Da werden halt verschiedene Griffe oder Tricks angewendet, die täuschen. Die Leute sehen etwas, was eigentlich gar nicht dazupaßt, das ist die Täuschung.

Man kann sich früher oder schneller dreinfinden, gut oder besser werden oder schlecht bleiben, das kommt darauf an.

Ich bin jetzt ein Hunderter, Lesen kann ich nimmer, aber im Park spazieren gehen. Fernsehen interessiert mich weniger. Es ist jetzt schon eine Zeit, wo ich monatelang gar nicht mehr ferngesehen habe.

Ich kann mich gar nicht erinnern, daß ich irgendwelche Krankheiten gehabt hätte. Einmal war ich mit den Augen eine Woche in Behandlung, nichts von Bedeutung. Oh ja, freilich war ich mit meinem Leben zufrieden. Ich bin ja in Norwegen bis über den Polarkreis gekommen. Naja, man erlebt soviel, daß man sich gar nicht erinnert an alles.

Aber speziell wenn man befragt wird oder spricht, erinnert man sich an manches und kann mehr oder weniger Auskunft geben.

Da ist sie immer

Es wird
nicht mehr lange
die Sonne scheinen.

Bald wird sie
hinter den
Wolken verschwinden.

Da ist sie
immer.

(Walther M. Neuwirth: Versunken die bitteren Worte)

Maria D.: „Ich bin in Mönichkirchen immer noch daheim."

Ich bin in Mönichkirchen immer noch daheim. Wir haben ein Haus droben. Wie ich sechs Jahre alt war, ist plötzlich die Mutter gestorben, und da hab' ich eine Stiefmutter gekriegt. Wie der Vater eine Frau gebraucht hat, hat ihn wer angerufen, und dann hat er sie geheiratet, sie war immer eine tüchtige Frau.

Die hat das Haus aufgebaut. In Mönichkirchen ist ein guter Fremdenverkehr, und damit hat sie gerechnet und auch immer vermieten können. Wieviel Zimmer? Net so einen Haufen. Da war herunten eine Kellerwohnung für uns, und dann zwei Zimmer und eine Küche und ein Kabinett ... große, schöne Räume. Und dann ist man über die Stiege hinaufgegangen, und oben waren auch wieder drei Zimmer. Meine Stiefmutter hat auch sehr gut kochen können, denn als Ledige war sie Köchin in Wien. Sie war keine böse Stiefmutter, wirklich nicht. Es war halt hin und wieder notwendig, daß sie ein bisserl bös' geschaut hat ... die war liab, ich hab' gar keine Erinnerung, daß sie bös' gewesen wär. Bis ich 14 Jahr' alt war, bin ich in die Schule gegangen, was halt notwendig war. Nach der Schule bin ich dann in den Dienst gekommen, in den Haushaltdienst, nach Wien. Die Mutter hat erfahren, daß irgendeine Dame ein Mädchen gesucht hat, und so ist man dann dazugekommen zu einem Posten. Besondere Sachen hab' ich dabei eigentlich net erlebt. Die Frau war sehr streng und genau, aber es ist mir doch dort gut gegangen. Hinter der Karlskirche, im 4. Bezirk, war meine erste Stelle. Wenn ich als 16jähriges Mädchen zu einer Herrschaft nach Wien komm', muß ich mir schon alles gefallen lassen. Das ist ja eigentlich notwendig, zum Beispiel ein bisserl Geschirr wegräumen ... sodaß die Wohnung wieder in Ordnung ist. Wenn alles gemacht ist, dann ist man fertig. In der Freizeit ein bisserl spazierengehen und dann daheimbleiben in der Wohnung. Einfache Handarbeiten ... Ich hab gar nie wen besucht. Ich hätt' mich gar net schicken können zu den jungen Burschen wie heute in der Disco. Ich hab schon Heimweh gehabt nach Mönichkirchen. Ich bin immer z'hausgangen nach Mönichkirchen, da hab ich dann auch mitgeholfen. Wir haben Ziegen gehabt. Ziegen, das waren unsere Haustiere. Einen Hund haben wir ein paarmal gehabt. Die hab' ich alle sehr gerngehabt, die Hunde, aber das ist halt auch kein ewiges Leben.

Im nächsten Ort hab' ich Himbeeren verkauft, ein jeder Groschen war wichtig. Wir waren immer sparsam. Meine Stiefmutter hat ja sparen müssen. Mein Vater war ein Schuhmacher, und eine halbe Stunde vom Ort weg haben wir das Häuschen g'habt, und wer geht denn vom Ort a halbe Stund', wenn er Schuhe herrichten will? Sind ja auch im Ort Schuhmacher gewesen, also hat mein Vater wenig Arbeit gehabt. Ich hab' noch „Sie" zu ihm sagen müssen. Der Vater ist 90 geworden, einen schönen Kaiserbart hat er gehabt. An den Kaiser kann ich mich erinnern, damals war auch ein Fest. Der Kaiser ist abgeholt worden und ist da vorbeigeführt worden ...

Cirka mit 29 hab' ich geheiratet, der Leopold hat von der Bahn sein Gehalt gehabt, er war Bauzeichner. Die Weltkriege? Man war ja auf der Alm in Mönichkirchen, selbst haben wir keinen Verwandten gehabt – einen Bruder oder sonstwen – es ist ja niemand dagewesen. Bei uns ist nichts gestohlen worden während der Plünderungen. Soviel Schätze haben wir nicht g'habt, und das Notwendige haben sie dann auch nicht genommen, so ist alles gut vorübergegangen, Gott sei Dank. Kinder hab' ich leider keine gehabt. Da hat mein Mann 'trauert über das, daß ich nicht schwanger bin worden, aber ich bin's halt nicht worden. Er ist bei der Bahn geblieben, bis er pensioniert ist worden. Wir haben einen schönen großen Garten gehabt, und ein Feld und Ziegen.

Das waren unsere Kühe! Die Milch ist verkauft worden, und das hat dann nicht lang gedauert, so ein paar Jahre vielleicht, dann haben wir das Feld wieder abgegeben und waren wieder woanders ... Einmal haben wir eine Hütte gehabt, im Walgau in Vorarlberg. Wie mein Mann dann älter geworden ist, haben wir die aufgegeben. Gott sei Dank, ich möchat nimmermehr dort sein. Für was? Lebt man denn ewig?

Alles ist vorbeigangen. Vorbei ist vorbei. Man denkt hie und da zurück und ist froh, daß alles vorüber ist. Ich möcht', um Himmels Willen, nicht mehr jung sein. Zu was, wenn man's schon einmal durchgemacht hat, soll man's dann noch einmal durchmachen? Für was soll man's denn noch einmal durchmachen, die Jugend?

Ich bin nur froh, daß ich meine Nichten, meine Verwandten noch hab'. Ich fühl' mich den Verhältnissen entsprechend ganz wohl. Und ich bin zufrieden, wenn ich so weitermachen kann. Es kann einmal a Krankheit kommen, die mich mitnimmt. Ich bin seit sieben Jahren bei der Nichte. Da bin ich auch gern. Ich kann da über nichts klagen, hab' überhaupt keine Ursache. Der Garten gibt immer Arbeit, ich mach' noch Unkrautzupfen, ja, was notwendig ist. Man muß was Frisches einsetzen und was Altes wegräumen, im Garten ist immer eine Arbeit. Geschirrabwaschen kann ich gut. Ausgezogenen Strudelteig mach' ich selber, meine Stiefmutter war ja Köchin.

Kennen Sie überhaupt Mönichkirchen? Haben Sie schon gelebt dort? – Dann kennen Sie's nicht. Aber sie kriegen ja dort ein Quartier. Ich hab das immer vor mir: Mein ganzes Glück war halt der Wald. Schwammerln gesucht hab' ich auch gern, aber net gefunden, nur gelbe, Eierschwammerln, aber die sind auch schon sehr selten.

Der Friede auf Erden

„Liebe und tu, was du willst“,
sprach Augustinus, der Weise.
„Liebe den Nächsten, liebe den Feind,
der dich haßt und der dich am Leben bedroht!
Denn deine Feindesliebe ist der Maßstab
deiner Liebe zu Gott.“

Niemals wächst aus Programmen,
Parolen und Manifesten der Friede,
die Eintracht auf Erden.

Nur die Liebe des Einzelnen,
die Gottesliebe im kosmischen Licht
verbannt den Haß und versöhnt.

(Walther Maria Neuwirth: Das namenlose Buch)

Cäcilie B.: „Ich war immer ein gehorsames Kind ...“

Ich hab' meine Mutter mit 43 verloren, da war ich 18... Ja, und das hat mein Leben in eine ganz andere Richtung gebracht. Aber bitte, ich bin trotzdem dankbar für mein Leben. Am meisten hab' ich meine Mutter vermißt, wie ich geheiratet hab'. Die Mutter macht das doch alles ganz anders. Ich bin in bestem Einvernehmen mit meiner Schwiegermutter gestanden, aber es ist halt doch nur die Schwiegermutter. Der Tod meiner Mutter war damals ein großer Verlust. Sie hat immer ein bißchen in die Höhe wollen und wollte mich unbedingt in die Schweiz in ein Pensionat schicken, um dort Französisch zu lernen. Nicht das Schulfranzösisch, sondern das schöne Französisch. Und mein Vater hat zu mir gesagt: „Sag einmal, wo denkst du hin? Das kostet 1000 Kronen im Jahr!" Mein Vater hat auch einen Nebenberuf gehabt als Staatsbeamter, und deshalb hab' ich immer gesagt: „Du verdienst doch ohnedies genug." Darauf er: „Ja, aber du wenn ich krank werde, dann verdien' ich gar nichts." Also, kurz und gut, die Idee meiner Mutter wurde dann auch beiseitegestellt und hätte mir doch viel Freude gemacht, aber – es hätte gar nichts gebracht! Also, ich wußte überhaupt nicht, was ich werden sollte. Und meine Mama ist dann von Pontius zu Pilatus gegangen, um zu fragen, welche Möglichkeiten man für ein Mädel nach der Bürgerschule hat. Da ist sie auch ins Zivilmädchenpensionat, das war in der Josefstädterstraße, Beamtenstöchter – im Gegensatz zu den Ziviltöchtern – ... Ich bin dann nicht hingekommen, und warum: „Aufnahmsprüfung mach' ich keine!" Dann ist die Mama in die Handelsakademie: „Nein, Mama, ich mach' keine Aufnahmsprüfung." Dann ist ihr diese Sprachschule im 4. Bezirk empfohlen worden. Wie ich dort war, sagt der Direktor: „So, aber jetzt wollen wir nur noch eine kleine Prüfung machen" – Da konnt' ich ja nicht ausgekommen! – „Ich rufe das Fräulein ..., gehen sie mit ihr.

Sie muß nämlich wissen, in welche Stufe sie eingeschult werden sollen." Also, sie prüfte mich natürlich, Französisch, das hab' ich sehr gerne gemacht. Und sie sagte „Was sie alles mitbringen – Sie kommen gleich in die dritte Stufe!" Das war die ganze Prüfung. Also wirklich, das ist gut gegangen, und ich bin sehr gerne hingegangen ... Das Jahr darauf ist die Mama schwer krank geworden mit einer Lungenentzündung (das war in ihrer Familie). Sie ist wochenlang gelegen, ein schwerer Fall. Und da hat sie gesagt: „Was brauchst denn du das Sprachinstitut? Was machen denn die andern? Lern' lieber kochen und nähen, du wirst eh heiraten." Hat sie bestimmt. Und ich war ein sehr gehorsames Kind. Das hat mein Bruder schon immer gsagt: „Hörst, du hast doch den Eltern nicht die geringsten Schwierigkeiten gemacht, du hast zu allem ja gesagt." Mein Bruder hat auch studiert, also, wenn dem Vater was geschehen wär', wir wären beide vollkommen subsistenzlos (ohne Lebensunterhalt, Anm. d. Verf.) dagestanden ... Daher hab' ich gesagt „Ich möchte doch schauen, daß ich zur Post komm'". Und mein Vater hat das gar nicht wollen, der hat gemeint „Die Mädchen verlieren soviel von ihrem Duft, wenn sie in ein Büro gehen." Ich hab's aber doch durchgesetzt und bin eben dann in den Staatsdienst eingetreten. Bin aber jetzt schon wieder 60 Jahre in Pension, weil ich bin mit 8,5 Dienstjahren kranheitshalber in Pension gegangen. Da war ich dann schon verheiratet und war schwanger, und da hat der Arzt, der sehr gewissenhaft war, alles untersucht und ist daraufgekommen, daß ich einen Spitzenkatarrh hatte – die Lungenspitze – und eine Vernebelung der Thymusdrüse und dann so kleinere Dinge. Er hat mir zwar gesagt „Wissen Sie, das haben zumindest 90% aller Wiener, aber wir wollen vorsichtig sein, denn sie wollen das Kind. Sie hätten die Möglichkeit, es ohne Schwierigkeiten abtreiben zu lassen, aus gesundheitlichen Gründen ..." Und ich hab' gesagt: „Kommt gar nicht in Frage! Denn dann nehm' ich reißaus und werde schauen, wo ich mich hinpflanze, wo niemand mich kennt." „Nein, also gut", hat der Arzt dann gsagt. „Wenn Sie so eine Ansicht haben, dann werden wir als Krankenkassa auch, was nur möglich ist, tun." Und dann war ich drei Tage später in einer Lungenheilstätte in Tirol, über 1000 m hoch, und das war herrlich, einmalig. Ich hab' mich sehr wohlgefühlt dort. Als nach zwei Monaten wieder eine Generaluntersuchung war, hat der Arzt gesagt: „Ich würde sie gerne noch ein drittes Monat dalassen, aber in Anbetracht der weiten Heimreise möcht' ich das doch nicht riskieren." So kam ich nach zwei Monaten wieder nach Hause und war eine Weile in der Lungenevidenz, das hat man aber dann aufgegeben – also, ich bin gesund. Ich hab' noch ein zweites Kind bekommen, da hat mir die Ärztin geraten: „Ja, also drei Jahre sollten sie schon warten." So haben mein Mann und ich halt über drei Jahre Unterschied gelegt zwischen den zwei Knaben. Ich hab' mir unvorsichtigerweise als Jugendliche sehr gewünscht, daß ich sechs Buben habe. Und nun wollte ich unbedingt noch ein Mädchen haben. Selbst, als ich dann schon das zweite Kind hatte – da war ich ja gar nicht mehr so jung, denn ich hab' ja erst mit 26 Jahren geheiratet, und nach einem Jahr ist der erste gekommen und dann der zweite, drei Jahre darauf. Dann ist mir keines mehr geschenkt worden. Ich hab' unbedingt geglaubt, ich bekomme noch ein Mädchen. Es ist dann die Erziehung leichter, möcht' ich fast sagen. Denn mein Bruder war jünger als ich, ein Jahr nur, also es war ziemlich knapp, und ich hab' gefunden, es ist vieles leichter.

Im Vergleich zu mir ist mein Vater nicht so alt geworden, er ist mit 84 Jahren gestorben. Wissen Sie woran? An einem Schenkelhalsbruch. Und mein Bruder ist auch an einem Schenkelhalsbruch gestorben.

Ich selbst hab' auch schon viel mitgemacht, Operationen ... Ich war eigentlich in meinen jungen Jahren viel kränker als jetzt. Und zwar würde ich das darauf zurückführen, daß ich mir damals immer Sorgen gemacht habe: Was ist das jetzt für eine Krankheit? Wie wird sich die auswirken? Wird das wieder vergehn? Das frag' ich ja heute nicht mehr. Das ist der Vorteil vom hohen Alter. Was kann schon passieren? Krebs? Hat man schon lange in sich. Und dann aber: Es schreitet in diesen hohen Jahren ja nichts so vorwärts, wie in der Jugend. Mein Sohn ist an dem schwersten Krebs, am Melanom, gestorben und hat viel mitgemacht. Dieser lebendige, zukunftsfreudige Mann: Vier Kinder, alle im Hochschulstudium, und er muß gehen! Das war furchtbar! Und die Frau ist dagesessen mit einer lächerlichen Unterstützung. Das waren schon schwere Zeiten, wissen Sie. Da hat man schwer etwas gefunden, was einen erheitert hätte. Wie mein Mann Rudolf gestorben ist – das war natürlich das ärgste, muß ich sagen. Er mußte mit Schüttellähmung ins Spital. Man hat gesagt: Kommt doch gar nicht in Frage, daß sie den Mann nach Haus nehmen. Ich hab' dennoch eine Hauskrankenpflege genommen, den ganzen Tag konnt' ich mir natürlich nicht leisten. Sie hat auch immer einen Spaß gemacht, und mein Mann hat immer gerne gelacht. Aber dann ist er immer trauriger geworden. Er hat viel mitgemacht. Und eines schönen Tages – die ganze Nacht vorher hab' ich noch bei ihm gewacht und ununterbrochen Leintücher aufgehängt wegen der Luftfeuchtigkeit –. Also, dann war er tot. Dann hab' ich mich gestürzt in irgendeine Zerstreuung. Er hatte sehr viel fotografiert. Jetzt hab' ich mir die Negative und die Fotos angesehen, die schönen zum Nachmachen herausgesucht ...

das war meine erste Arbeit. Dann hab' ich mir gedacht, so geht's nicht, das genügt nicht. Hab' mir liebe Freunde zur Jause eingeladen. Und da hab' ich dann immer etwas gebacken – ich hab' sehr gerne Mehlspeis' gebacken – so ist das Jahr herumgegangen, bis mir das passiert ist, daß ich gestürzt bin ...

Ich war 60 und einhalb Jahre verheiratet. Wir hatten noch die Diamantene (60-jährige Hochzeit, Anm. d. Verf.). Sehr selten! Ich hab ja viele Freuden auch gehabt, mit den Kindern, und mein Mann war ein Familienvater. Also kann ich nicht klagen. Am Abend leg' ich mich nieder und hol' mir immer einen Zeitraum meiner Vergangenheit, und die verarbeit' ich dann, bis ich einschlaf'. Und darum bin ich ja so glücklich, daß mir meine Vergangenheit schöne Zeiten in Erinnerung bringt. Denn ich höre ja hier im Heim oft, wie armselig manche Frauen aufgewachsen sind. Strohsäcke aufgestapelt haben, weil die Kinder in der Nacht alle nur auf Strohsäcken gelegen sind. Das ist ja furchtbar. Was haben die für eine Vergangenheit. Aber vielleicht waren sie doch glücklich? Ich bin glücklich, wenn ich einen Notpfennig hab', denn den brauch' ich. Unser Hausarzt sagt, daß ich ein gutes Leben gehabt haben muß, weil ich so alt geworden bin. Dabei hab' ich viel mitgemacht. Ich hab' wahnsinnig gelitten unter dem Tod meines Vaters, den ich als Gott verehrt hab'. Meine Ehe hat ein bißchen gelitten am Beginn, weil ich geglaubt hab', der Mann muß genauso sein wie mein Vater. Dann hab' ich mich dreingefügt, daß er ganz anders ist, und es war wunderbar. Mein Mann war schon ein sehr ein braver Mann. Das hab ich überhaupt nicht gehabt: Die Leidenschaft ... Was ich so herumhöre, gibt's so eine verrückte Liebe, die den anderen Menschen nur besitzt, sehr wenig. Es muß sehr schön sein im Moment, aber gewünscht hätt' ich mir's nicht. Die Basis ist immer noch die Innigkeit zueinan-

Ich hab' eine Freundin gehabt, die hat keine Kinder gehabt – sie hätte aber eines gehabt –, die hat gesagt: „Weißt, ich hätt' das doch nicht machen sollen!" Daß man solche Sachen nicht mit sich herumschleppen muß, ist auch schon eine Gnade. Denn es hätte der Mann es unbedingt verlangen können. Man hätte unter Umständen müssen die Ehe auf's Spiel setzen.

Ich bin jetzt also zehn Jahre hier im Pensionistenheim. Ich hab' ein halbes Jahr gebraucht, bis ich mich hier eingelebt hab'. Und es gibt aber nichts Besseres! Den ganzen Tag da war für mich die Frage „was quält dich so sehr? Ich kann nicht nach Hause, hab' keine Heimat mehr". Das hab' ich mir immer vorgesagt, und das hat natürlich nicht zur Hebung der Stimmung beigetragen. Das ist das Problem: Hautnahe die ganzen Krankheiten! Sie sprechen mit jemandem „ganz gut", und am nächsten Tag heißt es: „Der ist gestorben." Es sind schon wenige da, die mit mir da eingetreten sind. Ich hab' hier eine Nachbarin gefunden, die so einmalig war. Ich muß sagen, wir haben uns so gut verstanden, sodaß das Leben hier dann auch schon viel leichter wurde. Die ist gestorben... Sie können nicht ganz alleine leben. Bitte, es gibt sicher solche, aber da muß die Veranlagung auch danach sein. Früher war ich eine Leseratte. Aber jetzt seh' ich ja nichts mehr. Jetzt hab ich da ein Gerät, das hat 55.000 Schilling gekostet. Ich mußte es kaufen, aber die Krankenkasse hat mir das Geld gegeben, und es ist ihr Eigentum. Die Brailleschrift kann ich nicht, weil ich kein Gefühl in den Händen hab, ich hab's versucht, aber das bringt nichts. Ich hab' meine Französisch- und Englischschulbücher da, die tu ich auch immer durcharbeiten. Aber der Geist wird bedauerlicherweise doch auch immer weniger, und das spürt man. Ich hab' sehr viel Kreuzworträtsel gelöst, früher hat das so herausgesprudelt, aber heute muß ich schon nachdenken. Am

Ich hab' immer geglaubt, ich werde jung sterben. Und komischerweise auch meine Mutter – nur hab ich das erst später erfahren – hat immer gesagt: „Sie wird die erste sein von ihren Geschwistern". Dabei bin ich um 30 Jahre älter geworden! Die anderen alle 70 und ich 100. Unfaßbar! Und dabei hab' ich ja oft schwere Krankheiten gehabt, wo man geglaubt hat, es ist aus, und ich hab' sie überwunden ... Ich hab' das Buch von Sauerbruch gelesen, das er selber geschrieben hat – das ist schon lange her – da hat er zugegeben, die Ärzte sind geschult usw. und sie leisten viel, aber „hinter uns steht Gott". Wenn der nicht will, nützt unsere ganze Weisheit nichts. Wenn so ein Mensch das sagt ... Ich hab' jetzt als letztes – endlich bin ich damit fertig – ein hochinteressantes Buch gelesen, ich kenn' den Autor überhaupt nicht, und zwar die Biographie von Waggerl (österr. Dichter 1897 – 1973, Anm. d. Verf.). Dabei ist das so geschrieben, wie ich noch nie eine Biographie gelesen habe: Der Autor läßt ihn sprechen aufgrund seiner Briefe, und dann gibt er Kommentare dazu, kommt mit allen Dichtern und Größen zusammen, und geht bis ins Altertum ... Da schreibt der Waggerl, er war jung eingerückt und hat die Isonzo–Schlacht mitgemacht. Und die war doch teuflisch, da hab' ich auch einen Cousin gehabt. Er sagt, das kann man nicht schildern! Da beschreibt er auch, wie um ihn alle fallen, und erzählt eine ganz schlimme Sache, von einer Granate, und wie's neben ihm seinen Freund zerrissen hat, sodaß die Zähne am Draht gepickt sind, ganz schrecklich! Und immer gewärtig „in der nächsten Minute bin's ich ..." Da dacht' er sich auch: ‚Wieso ich nicht?' Mitten in dem Kugelregen, und alle fallen! Und er bleibt! Da soll man sich nicht denken, dem war's nicht bestimmt, aber den andern?

Warum muß einer mit 10 Jahren sterben? Einc Kollegin hab'

ich gehabt, ein sehr hübsches Mädel, schwer lungenkrank. Ihr Vater war auch lungenkrank, bei ihr ist es aber erst später zum Ausbruch gekommen. Und damals hat man dazu gar nichts machen können ... Da hat man sich auch gesagt, mein Gott, mit 27 Jahren! Da ist man schon erschüttert, wenn man so in nächster Nähe damit konfrontiert wird. Ich weiß nicht, ob es anderen auch so geht, daß man gefühllos wird, aber hier im Heim erschreckt einen der Tod nicht mehr. Ich hör' das, denk mir, die Arme hat soviel mitgemacht, die wird glücklich sein. Es gibt Leute, die sagen immer, mein Gott, wenn mich unser Herrgott schon holen würde, ich will nimmer. Die sagen, es wäre eine Erlösung ...

Meine beiden Eltern sind alt geworden. Mein Vater 83 und meine Mutter 78, aber die hat die ulzeröse Ruhr gekriegt, vom Krieg her. In Deutschland sind Eltern, Großeltern, Kinder, ganze Familiengenerationen ausgestorben wegen dieser Ruhr.

Ich war nicht verheiratet. Ich bin sehr lange zu Hause gewesen und bin – wie mein Vater gestorben ist – bei meiner Mutter geblieben, da hat man auch die Wohnung kaum erhalten können, und ich war nicht darauf aus, zu heiraten. Ich sag' ihnen, mir war meine Freiheit alles. Mein Gott, damals – Sie können sich vorstellen: Im ersten Teil vom 20. Jahrhundert, Ende des neunzehnten ... – da war schon eine ganz andere Erziehung, ja. In vielen Dingen streng und nicht streng, ich weiß nicht, wie ich sagen soll. Als sich meine Schwester beschwert hat, daß ich allein auf Urlaub und weit wegfahren darf, hat ihr mein Vater gesagt „Ja, sie ist ja anders als ihr". Das hat er bei mir als Jüngster sofort erkannt. Wir waren 8 Kinder, fünf Buben und drei Mädeln, so wie bei meinem Vater zu Hause. Mein Vater war im Staatsdienst, und zwar bei der Finanzwache Oberkommissär. Fast alle haben studiert in seiner

Familie. Der eine war Offizier, der andere war Arzt in Graz. Der dritte hat das Uhrmachergewerbe gelernt, der hat am besten abgeschnitten. Der war am reichsten und hat seine zwei Kinder versorgt, also ich meine, man muß nicht immer studieren. Er war ein fescher Mann, sehr klug und hat ein Geschäft aufgemacht und zu den Uhren Pretiosen genommen und die deutschen Diamanten, das war dann wieder was für's Volk ...

Ich hätte sollen Lehrerin werden und hab' alle Prüfungen gemacht. Ich bin überhaupt nicht aufgerufen worden, weil immer, wenn eine nichts gewußt hat, haben's mich gefragt. Zwei Tage später war mein Name nicht auf der Liste. Und darauf waren welche, wo ich gestaunt hab', daß sie viele Sachen nicht gewußt haben! Aber die hatten bereits drei Jahre die Klosterschule gemacht und sind eben weiterhin genommen worden. Ich hab' das meinem Vater erzählt, er war erstaunt, aber ihm hat's nichts ausgemacht. Also hätte ich in die neue Wiener Handelsakademie am Amerlingplatz kommen sollen. Die schwerste Schule in der Art, aber eine Schule, wo man von dort aus schon Posten bekommen hat. Im 15er–Jahr, wie ich von der Bürgerschule ausgetreten bin, war doch zwei Jahre die Kriegserklärung. Jetzt hat meine Freundin – wir waren beide Vorzugsschülerinnen – gesagt, schauen wir doch, daß wir zusammenkommen. Einesteils hat's mich auch gelockt, die Akademie zu machen. Aber, wie das Schicksal mitspielt, muß ich jetzt wieder sagen, sagt der Direktor von dort: „Sagen Sie, warum wollen Sie ein Mädchen in die Akademie schicken? Wir haben in der Handelsschule dieselben Professoren. Sie lernt dasselbe, nur daß dort ausgeweitet wird, Geschichte und Literatur und und und... Und außerdem haben wir Krieg, und es müssen viele einrücken. Man wird viele, viele brauchen. Wenn es ein Bursch wäre" – ich hör' ihn heute noch – „so würd' ich, wenn

Sie sagen „in die Handelschule", sagen „geben Sie ihn in die Akademie, damit er das Einjährigenrecht hat. Aber bei Mädchen!" Na, das war im 15er-Jahr. Heute würde man vielleicht auch wieder anders reden. Na, also bin ich dorthin. Meine Freundin hat danach sofort einen Posten bekommen, die ist in die Skodawerke gekommen, und mein Vater hat gesagt, ich darf nicht arbeiten, weil ich war zwei Jahre vorher schwerkrank aufgegeben worden wegen Blutkrankheit: „Nein, du bleibst jetzt zu Haus!" Jeden Tag bin ich zu ihm: „Ich möchte auch schon etwas verdienen!"

Es waren natürlich genug Möglichkeiten für mich, zu heiraten. Dann wiederum, wo man sich gesagt hat, da möchte man schon, war's wieder nicht möglich, weil der Mann selber verheiratet war, zu alt oder zu jung ... Aber es war ein bewegtes Leben, und das war wieder das, was ich gebraucht habe. Es mußte immer wieder was Neues kommen. In der Bürgerschule haben wir einen Pädagogen gehabt, wie man sich's wünscht. Wie der mit uns war! Und die Literatur! Wo wir doch keine Bücher mehr gehabt haben, er hat uns trotzdem dazu erzogen. Also, Lehrer können sehr viel machen. Da hab' ich wohl das Glück gehabt ... weniger in der Handelsschule: Die jungen Lehrer haben einrücken müssen, und die pensionierten haben sie wiedergebracht. Die haben gar nicht die Geduld gehabt! Da war ich so verzweifelt, da hat mein Vater dann gesagt „Ist doch wurscht (mundartl: egal, Anm. d. Verf.), was du für Noten kriegst. Ärger' dich nicht, du brauchst es ja nur für's Leben, daß du's dann weißt ..."

Es ist nur komisch, wissen Sie, weil früher hab' ich überhaupt nicht daran gedacht, und im hohen Alter kommen blitzartig solche Sachen. Daß einem überhaupt Gedanken kommen zu diesen Dingen. Zum Beispiel eine Sache, die geht zurück, wo ich noch nicht einmal in der Schule war, und die mich heute so interessiert. Aber ich hab' niemanden, den ich fragen kann: Meine Mutter war sehr schwach, sehr krank, wie ich geboren wurde, Lungen- und Rippenfellentzündung. Und dadurch sind wir Kinder alle verschickt worden. Und ich bin zu einer Schwester von meiner Mutter gekommen, die selbst Kinder gehabt hat und mich mit dem „Soxhlet"-Apparat – das war dieser alte Apparat, wo die Milch gewässert wird – gefüttert hat (nach Franz Soxhlet, 1848 – 1926, dt. Chemiker, Anm. d. Verf.). Eines Tages hat mein Vater ein Telegramm bekommen, daß ich sehr krank bin und mit dem Darm zu tun hab, und er soll kommen. Damals war ich schon das erste Mal aufgegeben. Ich soll soviel geweint haben, ich soll Tag und Nacht geschrien haben. Ich hab' offensichtlich gewußt, daß ich dort nicht hingehör'. Die haben ein Selchergeschäft gehabt und dürften mir vielleicht eine Wurst oder was gegeben haben. Und haben dann den Kinderarzt kommen lassen. Und ich bin wieder, nachdem ich hab' sollen 100 Jahre werden, gesund geworden. Mit 9 Monaten bin ich erst nach Hause gekommen. Es war Vorsorge getroffen worden, daß ich eine Nacht mit meiner Mutter schlafen soll und eine Nacht mit dem Dienstmädel im Kabinett, welches schön groß gebaut war, wie eben früher gebaut wurde. Und die Mutter hat gesagt: „Die erste Nacht nehm' ich mir's", hat das Gitterbett ganz zu sich hingestellt, und ich hab' geschlafen und geschlafen. Ich war von dem Tag an das bravste Kind, das man sich vorstellen kann. Ist das nicht komisch? Ich konnt' doch nicht wissen, wer meine Mutter ist. Aber wahrscheinlich kennt man die Stimme, und das war die Ursache.

Na, und eines Tages, ich muß so fünf, sechs, gewesen sein, ich war viel bei meiner Mutter in der Küche draußen, spiel' mit der Puppe – daran kann ich mich noch erinnern – da hab' ich sie sekkiert (mundartl.: belästigt, Anm. d. Verf.): „Fahren wir heute zur

Tante Theres". Und meine Mutter hat gesagt: „Heute kann ich net, wir werden im März schon gelegentlich fahren." Und ich soll sie so sekkiert haben, daß sie gsagt hat: „Ich versprech' Dir, ich fahr' morgen mit dir hin, aber heute geht es nicht". Und daraufhin bin ich ganz ernst gewesen und hab' gesagt: „Morgen brauchst nicht mehr fahren". Und meine Mutter hätte wissen müssen, daß das keine Antwort ist, die ich geb'. „Du, du bettelst mir noch eine ab", hat sie gesagt, das hat mich beleidigt. Und ich bin aufgestanden mit meiner Puppe, bin ins Zimmer und hab mich den ganzen Tag nicht mehr anschauen lassen. Da hab ich dann getrotzt. Und am nächsten Tag um elf Uhr vormittag kommt der Telegrammbote, da hat der Onkel meiner Mutter geschrieben „Theres heute früh Schlaganfall gestorben."

Es war ein paarmal so etwas, daß ich etwas vorausgespürt hab', da hab' ich gedacht, ich will das gar nicht. Heute erst frag' ich mich, wieso hab' ich diese Antwort gegeben, wer hat mir das eingegeben? Zwei Sachen, da war ich schon erwachsen: Als mein Bruder bei der Donaudampfschifffahrt als Kapitän war (er hat dann auch für die untere Donau die Prüfungen gemacht und für's Meer hinaus) ist der Krieg ausgebrochen, und er ist sofort einberufen worden – da hat ja das alles noch zu Österreich gehört. Da hat er drei Schlepper auf ein kleines Schiff anhängen sollen – und hat gesagt, das geht nicht, weil das herumkippt, die Brückenpfeiler sind in Gefahr. Da haben die geglaubt, er will nicht fahren. Dann ist es so gekommen, wie er es vorhergesagt hat, und einer hat behauptet, er hätte das jetzt zufleiß gemacht, er gehöre an den nächsten Galgen aufgehängt. Ich hab' das geträumt, daß man ihn aufhängen will, aber nicht, daß es dazu gekommen ist. Und wie er zurückgekommen ist, vom Krieg, hat er das erzählt ... Dann wieder so ein Erlebnis: Wie mein Neffe eingerückt und immer wieder in Gefahr war in Russland, in Stalingrad, ist er als ganz junger Bursche von 20 Jahren am Fuß verwundet worden – er war bei der Todeskompanie, das haben wir noch erfahren, und daß sie überhaupt nichts mehr zu essen bekommen haben. Der Brief ist noch hinausgekommen: „Wenn ihr mir auf der Straße begegnet, Ihr würdet mich keiner erkennen. Ihr würdet an mir vorbeigehen wie an einem Fremden. Wenn ich in den Spiegel schau', schaut ein Greis heraus." Furchtbar, reden wir über das nicht. Da hab' ich dann auch geträumt: Ich bin auf einem Feld in Russland, und ich hab' an ihn gedacht: Mein Gott, da liegen lauter Tote. Aber so komisch: Alle haben Helme aufgehabt und alle sind am Bauch gelegen. Und ich bin so durchgegangen und bei einem stehengeblieben und wollte schon den Helm herunternehmen, bück' mich und denk' mir dann ‚nein, ich will die Gewißheit nicht haben'. Und da bin ich munter geworden. Er ist nie gekommen. Dann war noch einmal etwas bei jemandem, wo ich geträumt hab': Der auch im Sterben gelegen ist und mit dem ich sehr gut war. Und da war ich bei der Tür, hab' aufgemacht und mir gedacht `mein Gott, da drinnen liegt doch jemand, ist der schon abgeschoben zum Sterben?' Ich wollt' hineingehen, und dann hab ich mir gedacht `nein!' Und am nächsten Tag ist das Telegramm gekommen, daß er gestorben ist ... Da hab' ich immer in mein Gebet eingeschlossen, man soll mir nicht solche Bilder schicken, solche Träume.

Immer sind Ereignisse gewesen, denn das Leben ist nicht so ein ruhiger Strom, wirklich nicht. Ich hab' nie Schwierigkeiten gehabt mit der heutigen Zeit, weil ich alleinsein kann. Ich hab soviel zu denken, es kommen mir soviele Sachen. Mein Hirn ist immer in Tätigkeit. Dann lese ich Bücher: Was ich seinerzeit versäumt habe, weil ich keine Zeit gehabt hab', hab ich hier „zu fressen“ angefangen, gute Bücher, schwere Bücher, leichte Bücher, zwischendurch wieder schönes Belletristisches, aber schon von guten Autoren. Ich hab noch nie das Gefühl gehabt, daß ich allein bin. Ich muß sagen, ich bin glücklich, daß es Pensionistenheime gibt. Denn eine große Wohnung, stellen Sie sich vor, was mach' ich denn dort? Was der Zins kostet! Ich hätt's ja nicht schaffen können, ich als Altpensionistin bin noch mit diesen niederen Gehältern in Pension geschickt worden. Hauptsache, ich bin da: Hier hab' ich mein Essen, mein warmes Zimmer, mein heißes Wasser. Ich kann mich waschen und duschen jeden Tag, was will ich mehr? Und wenn mir das Essen nicht schmeckt, kauf' ich mir was.

Das Unstörbare

Danke Gott,
doch bitte nicht
um Vorteil und Glück!

Danke Gott
auch dann, wenn Leid
und Unglück dich trifft.

Unstörbar dringt
sein Hauch durch uns
und baut das Sein.

(Walther Maria Neuwirth: Versunken die bitteren Worte)

Elfriede W.: „Ich hab' einen wunderbaren Vater gehabt ..."

Ich hab' gewohnt in Pottenstein, mein Vater war Steueramtsdirektor. Aber in die Schule bin ich nach Berndorf gegangen, da war die vierte Klasse wie eine Handelsschule, und da haben dann viele gleich in der Fabrik eine Anstellung bekommen. Aber ich hab' zu Hause sein müssen. Da war mein Traum aus. Ich war so quasi Dienstbotenersatz, weil ich diejenige war, die alles gemacht hat. Die Mutter hat allweil gesagt: „Des kann i net", sie hat nichts können als Sockenstopfen. Sie ist den ganzen Tag beim Fenster gesessen, hat gelesen und Socken gestopft, das hat's gern gemacht, das hat's ganz gut können. Dafür haben die Leute von der Straße sie bewundert.

Aber soviel zerrissene Socken haben wir ja gar nicht gehabt! Da hat beim Walter im Zimmer ein Freund gewohnt, der hat die Socken gewaschen gebracht, aber niemals gestopft. Die hat ihm die Mutter gestopft. Aber sonst hat's gar nichts gemacht, gar nichts! Ich hab' keine Zeit gehabt dazu. In der Früh, da hab ich müssen zeitig aufstehen. Denn die Mutter ist nicht einkaufen gegangen: Das geht sie nicht, nein! Na, hab' ich müssen. Meine Freundinnen haben schon gewartet „Na, bist fertig? Gehen wir miteinander nach Berndorf?" Und ich hab' aber zum Fleischhauer gehen müssen. Die Frauen haben mich nicht vorgehen lassen. Die haben müssen fertig sein, denn sie haben um 11 Uhr den Männern das Essen bringen müssen. Da haben's mich nicht vorgenommen, ist ja klar. Jetzt hab' ich das Geld und den Zettel, was ich will, dort hingelegt bei der Kassa und hab' gesagt „Wenn die Leni-Tant' kommt, dann geben Sie ihr das, das ist für sie bezahlt. Meine Mutter geht nicht einkaufen, und ich kann nicht warten." Ich hätt' immer sollen warten.

Meine Mutter hat Kinder nicht wollen. Hab' ich gesagt: „Dann hättest halt nicht geheiratet." Der Vater, der hat so gern Kinder gehabt. Und die Mutter: „Na, na, das ist viel zuviel Wirtschaft." Bei der hat alles die Leni-Tant' gemacht. Die Mutter hat kein Kind selbst anziehen oder waschen können. Das hat sie niemals gemacht, das hat alles die Leni-Tant' gemacht. Das hat die Mutter alles vergessen: Sie hat gar nichts für sie gemacht. Aber die Leni-Tant' war der Liebling ihrer Schwester, weil es ist nichts herumgelegen. Am Anfang hab' ich immer Ordnung gemacht, aber das hat gar nichts gebracht. Sie hat gesagt „Ich mach's ja eh gern", und da hab' ich dann nichts mehr gemacht, weil sie hat sonst nichts gefunden. Nudelsuppe, Grießknödelsuppe, Grießnockerl, Leberreis ... Ich hab' halt jeden Tag was anderes gekocht. Die waren so gut, die Einlagen: Den Leberreis weiß ich nimmer genau. Einen Fleischstrudel hab' ich auch gemacht. Und für den Hund, den Luxl, hab' ich allweil 4 dag Rindsleber mitgekocht, das hat die Suppe sehr verbessert. Die hat die Mutter aus der Suppe rausgenommen und ihm hingestreift. Die hat dem Luxl gehört, der hat das genau gewußt. Und er hat genau gewußt, wann der Vater nach Haus' gekommen ist. Da hat er hinausgeschaut. Wir haben gesagt „Der Vater wird gleich dasein." Und dann hat er geschaut, unten, jetzt geht er beim Tor herein! Und da ist er über die Stiegen hinuntergelaufen! Und da hat er ihn begrüßt, den Vater. Dieser Hund! Den Vater haben alle gerngehabt ...

Naja, ich hab' eine sehr schöne Jugend gehabt. Ich hab' einen wunderbaren Vater gehabt, aber schon lange verloren. Das hab' ich nicht verschmerzt. Ich werd' ihn da oben finden. Und ich hab' auch einen Bruder gehabt, den hab' ich auch sehr geliebt. Den hab ich auch verlieren müssen. Der war so ein guter Arzt. Er hat alles mit Liebe gemacht. Die Patienten haben geweint um ihn. Daß er hat auch sterben müssen, das kann ich nicht verschmerzen. Das sind die zwei Menschen, die mir am nächsten gestanden sind. Denn Mutter hab' ich eine schlechte gehabt. Die hat mich geschlagen. Der Vater niemals. Der hat gesagt: „Schau, das mußt du so machen, das kannst du. Wenn du's so machst, ist alles in Ordnung." Das hab' ich wirklich gelernt. Die Mutter hat g'sagt: „Steh' grad da", die hat mich so in den Rücken hineingeboxt. Und das hat mich zum Gegenteil gereizt. Sie hat keine Liebe gekannt. Sie hat auch den Vater unglücklich gemacht. Mit ihrer blöden Eifersucht. Und der Vater – ich hätt' mir so gewünscht, daß er sie betrügt, aber dafür war er zu anständig. Er hat das nicht können. Und den hab' ich bald verloren. Mein Vater war 48 Jahre alt! Die Mutter, die ist neunzig worden. Das war ganz verkehrt.

Die Großmutter ist früh gestorben, und da war dann die Leni-Tant' beim Großvater und hat ihm alles gemacht. Die hat gut kochen können. Und sie hat nur eine Geschichte gekannt: „Bitte, erzähl' uns eine Geschichte ..." Und da hat's halt allweil dieselbe erzählt. Und wenn sie dann geendet hat mit „Schaut's, Hirten, jetzt wo der kleine Fredi gekommen ist, da darf nur immer ein Schaf hinüber. Und jetzt müssen wir warten, bis alle drüben sind ..." haben wir gewußt, jetzt erzählt's nichts mehr. Da hat's nimmermehr wollen. Ja, das ist doch langweilig! Aber die Mar-Leni-Tant' hab' ich immer gern gehabt. Die Leni-Tant' war wie eine Großmutter. Sie hat den Onkel geheiratet, und das ist halt nicht gutgegangen. Da hat sich mein Vater angenommen um sie. Man hat ihr ja nie etwas gezahlt. Sie war da und hat gekocht und gewaschen und gebügelt und alles. Und dann ist ein Baby gekommen, und der Vater hat sie nach Wien gebracht zu ihrer Tochter. Na, und da bin ich jeden Sonntag mit der Inge zu ihr gegangen. Da hab' ich gefragt, was sie will: Sie wünscht sich eine Sulz. Meine Mutter hat gesagt: „Des kann i net." Da hab' ich gesagt, na, mach's ich. Bin zum Fleischhauer gegangen. Hab' gesagt „Bitte, wenn Sie mir alles für eine Sulz zusammenstellen, eine gute Sulz. Was man alles braucht, damit das ein Kilo wird." Ja, hat er gemacht. Na, also die Schwarterln (mundartl.: Speckseite, Anm. d. Verf.) muß ich länger kochen, eine Stunde vorher, daß sie weich werden. Hab' ich sie halt am Herd gestellt und eine Stunde kochen lassen, und dann hab' ich das andere dazugegeben. Hab's in eine Schüssel gefüllt ...Und dann hab' ich so alte Suppenteller gehabt, da hab ich sie draufgegeben und in Stanniol (Alu-Folie, Anm. d. Verf.) gegeben. Ich hab's der Leni-Tant' gebracht und hab' gesagt „Die Teller brauch' ich nicht mehr." Ja, sie hat sich sehr gefreut ... Meine Mutti ist nicht hingegangen: „Des kann i net mit anschauen". Hab' ich gesagt: „Warum? Was kannst nicht? Die sitzt frisch gewaschen in ihrem sauberen Bett. Man glaubt, sie kann jederzeit aufstehen und fortgehen, sie schaut so gut aus!" Bloß, meine Mutti ist nicht hingegangen. Sie ist nur zu Leuten gegangen, wo man ihr was aufwarten hat können. Die Leni–Tant', die hat ja selber niemals einen Tropfen Wein oder ein Bier getrunken. Überhaupt, sie hat so bescheiden gelebt! Ja, bin halt ich, solang ich können hab,' hin – ich hab natürlich nur am Sonntag können. Da hat eine Cousine von mir gesagt, sie hat erfahren, daß am Zentralfriedhof ein Grab zu haben ist, und wir wollen das kaufen für die Leni-Tant'. Die Frau von meinem Bruder hat gesagt „Ja, wer ist denn das? Die kenn' ich ja gar nicht" – Die hat mir nichts gegeben. Hab' ich zwei Drittel gezahlt. Die Adelheid hat mir ein Drittel gezahlt ... Ja, und dann ist da der eine Sohn von ihr immer mit dem Auto vorgefahren. Da hab' ich mir gedacht, naja, wenn er sich ein Auto leisten kann, kann er ihr Begräbnis auch zahlen, da zahl' ich nichts mehr. Denn ein Auto kostet sehr viel Geld. Dann ist er gekommen, hat gesagt „Es geht zu

Ende mit ihr.“ Hab’ ich gesagt „Ich kann unter der Woche nicht fortgehen und zusperren, ich hab’ frische Ware. Ich hab’ das Geschäft nur am Sonntag gesperrt“ und hab’ mir gedacht `Das Begräbnis soll der zahlen, der ein Auto hat ...’

Naja, jetzt ist sie schon begraben. Ist schon da oben im Himmel. Sie ist jeden Tag in die Kirche gegangen, sie war sehr gläubig. Ich glaub’ nicht daran, daß man nach dem Tod da oben spazierengehen kann. Da oben ist ja gar kein Platz! Sind ja Millionen Menschen! Das ist die biblische Geschichte. Naja. Wenn man sehr fromm ist... Das ist besonders für Kinder sehr schön. Ich hab’ immer wollen am Gründonnerstag die Glocken nach Rom fliegen sehen. Bin ich zum Großvater gegangen und hab’ gesagt: „Großvater, wann fliegen die Glocken nach Rom?“ Er hat das sehr gut gemacht. Er hat gesagt „Ja, Ich weiß es nicht. Ich hab’s selber noch nie gesehen.“ Er hat mich nicht angelogen. Er hat nicht gesagt „Das ist ein Blödsinn“ und er hat auch nicht gesagt: „Ich hab’s schon gesehen“, nein. „Ich will’s sehen“, hab’ ich gesagt. „Die haben ja gar keinen Platz dort! Sind ja viele viele Kirchen, und alle haben Glocken. Und die fliegen alle, wie geht denn das?“

Das alte Jahr

Der Tod
hat mich vergessen,
doch ich bin nicht vermessen,
ich weiß,
er holt mich bald.

Es werden
gelb die Bäume,
verblassen meine Träume
und auch
das Jahr wird alt.

(Walther Maria Neuwirth: Versunken die bitteren Worte)

Wilhelmine B.: „Wir haben eine schwere Kindheit gehabt ..."

Ich kann Ihnen nicht viel erzählen. Ich hatte fünf Schwestern, aber die sind alle gestorben. Wir haben eine schwere Kindheit gehabt, wie's früher für arme Leute war. Die Mutter hat müssen arbeiten. Die Kinder haben auch arbeiten müssen, daß sie ihr Dasein fortbringen. Nichts haben wir gehabt als wie ein Zimmer. Ich bin sehr gerne in die Schule gegangen. Ich hab' die fünfjährige Schule gemacht – die Bürgerschule hat's damals noch nicht gegeben am Land – und mir war sehr leid, daß ich dann gehen hab' müssen. Aber mit 14 hat man müssen aus der Schule gehen. Entweder, man hat einen Bauernhof gehabt und zu Hause gearbeitet, oder man mußte, wenn man keinen gehabt hat, halt woanders hingehen, daß man sich sein Brot verdient ... Ich bin zu einer Familie mit Kindern gekommen, als Mädchen, um mir mein Essen zu verdienen. Es war nicht so wie heute, daß man kauft, was man sieht, sondern daß man ein Brot gehabt hat zu Haus. Und selbst da hat man nicht dürfen zu tief reinschneiden, weil andere auch da waren, die eines gebraucht haben. So war meine Kindheit. Dafür seh' ich heute, wie die Leute prassen, denn das ist geprasst, was sie jetzt machen. Und unsereins hat nicht einmal ein Stück Brot mehr essen dürfen.

Meine Eltern sind nicht alt geworden, mein Vater ist mit 42 gestorben, die Mutter mit 50. Der Vater dürfte eine Lungenkrankheit gehabt haben. Er hat in einem Gipswerk gearbeitet, und arme Leute haben nicht viel zu essen, viel Speck, was da reingehört... Da ist er halt gestorben. Die Mutter hab ich mit 15 Jahren verloren. Die hat noch einmal geheiratet. Der hat ein Häuschen gehabt, ein Witwer mit fünf Kindern. Und ich als Kind – erst 13 Jahre alt damals, hab', wie sie mir das gesagt hat, gefragt: „Bist du blöd?" Ich hab' sie nicht verstanden. Meine Geschwister waren schon aus dem Haus, ich war eine der jüngsten. Eine

Schwester hab' ich noch gehabt, die ist mit mir groß worden und alt. Wer arbeitet heute schwer? Wer hungert? Braucht keiner hungern ... Bitte, gehungert haben wir auch nicht. Wir sind groß geworden, sonst hätten wir's nicht ausgehalten. Es war nicht üppig, sodaß ich sag', ich kann reinfuttern soviel ich will. Ein Brot zum Frühstück, und wenn wir in die Schule gegangen sind, hat's auch nur ein Brot gegeben. Naja, es war eine schwere Zeit, bitte, aber man vergißt darauf. Nur, wenn man heute dieses Üppige und oft unnötige sieht: Manche Kinder verlangen. Dann denkt man sich, mein Gott, hätte man davon einmal etwas gehabt! Aber es war halt die Zeit, und da kann man nichts machen. Und es war ja nicht ich allein, der es schlecht gegangen ist, nicht? Ich hab' beide Weltkriege erlebt: oh, schlecht! Nichts zu Essen, nichts zum Anziehen! Direkt im Krieg ist es ja ganz gut gegangen, aber nachher! Wo man so Marken gekriegt hat, hat man halt auch das Brot vorgeteilt gekriegt, in Rationen. Das war eine schwere Zeit.

Ich hab' keine Schule machen können, keine Lehre, weil's nicht gegangen ist. Ich hätt' gern nähen gelernt. Ich hab's dann wohl später ein bisserl nachgeholt, für die Tochter genäht und auch für mich, halt nicht so schön wie gelernt, aber ich hab's probiert.

Ich hab' dann meinen Mann kennengelernt und mit 30 geheiratet ... Er war aus gutem Haus, sein Vater Tischlermeister. Er hat eine schöne Jugend gehabt, hat Kaufmann gelernt, ist dann zur Polizei gegangen und war zwanzig Jahre Polizist. Unterm Krieg war er Kriminalpolizist, da hat er müssen Kontrolle machen in den Zügen. Ist nach Paris gefahren, nach Warschau ... überall Zugkontrolle ...

Und nach dem Krieg hat er müssen schwer arbeiten. Er hat als gelernter Verkäufer zarte Hände gehabt, und jetzt lauter Blasen.

Er hat alles machen müssen. Der hat furchtbar viel mitgemacht nach dem Krieg. Vom Bezirk aus haben sie sie alle ausgesucht. Die haben den Aufbau mittragen müssen. Er hat es sehr schwer gehabt zwölf Jahre. Er mußte die Gräber schaufeln für die, die nur so geschwind eingegraben worden waren ... da sind sie dazu beordert worden, einige – einige nicht. Aber mein Mann war überall dabei. Überall haben sie ihn geholt. Was schlecht war: Naja, Polizist war er. Und wenn er nicht das gemacht hätt', hätt' er müssen in den Krieg. Er war eigentlich mehr ein Herrenmensch, gut angezogen. Hat auch gut ausgeschaut, gepflegt... Das hat ihm dann natürlich auch den Mut genommen. Aber er hat durchgehalten, er hat gedacht, er muß arbeiten, damit er die Pension bekommt. Na, und er hat die 12 oder 14 Jahre – ich weiß nicht mehr, wieviele – die er gebraucht hat, gewerkt wie ein Roboter. Er ist doch keine körperliche Arbeit gewöhnt gewesen. Ich sag' Ihnen's, die Leute nach dem Krieg: Der Großteil hat Profit gehabt, und nachher haben's eben die anderen genommen, die eben keinen Profit gehabt haben ... Die einen haben Wohnungen gekriegt und alles mögliche, und die anderen, die haben müssen alles mitmachen, alles schlechte.

Wiederaufbau. Mein Mann hat den Schotter mit der Schaufel aufgeladen, der Arme, er hat sehr viel mitgemacht. Er hat aber nicht gejammert! Er hat das stillschweigend ertragen. Er hat gesagt: „Ich bin schuld, ich hab's ja nicht gewußt." Er hat dann gesagt, er hat sich einschreiben lassen. Ich hab' gesagt „Um Gottes Willen!" Sonst hätten sie ihn ins Feld geschickt, weil er noch nicht zu alt war. Das eine oder das andere ... Ich hab' meinen Mann schon lang verloren. Er hat einen Schlaganfall gehabt, da war er so 70 ... Aber so lang hat der Mann ausgehalten, bis er seine Jahre gehabt hat. Er war befriedigt, daß er mir eine Rente zurückgelassen hat, zwei kleine ... Das war beruhigend, und ich hab' ein gutes Auskommen gehabt, auch für die Tochter. Denn ich war sparsam. Jetzt hab' ich mir kaufen können, was ich brauch'. Im 73er-Jahr ist der Mann gestorben, seitdem war ich allein. Da war ich direkt im Himmel, ganz allein. Wenn man einen energischen Mann hat, muß man alles schlucken. Er war ein Ich-Mensch, aber man hat nichts sagen dürfen. Er war schon gut, aber eben auch nervös, wie ein Kikeriki. Die Zeit, die ich allein war, hab' ich mich erholt, aber die innere Ruhe hab' ich erst da im Heim. Man kriegt dann Angst und hat dann vor allem Angst, und das war dann auch mein Leiden zum Schluß zu Hause.

Ich weiß nicht, warum ich so lange leb'. So war ich ja nie krank, nur nervlich. Aber auch erst später, früher nicht. Am ruhigsten bin ich fast da, nervlich. Weil ich mir denk', wenn irgend etwas ist, es ist jemand da, den man finden kann. Mit 42 hab ich die Tochter gekriegt, da war ein bißchen ein Durcheinander. Und da bin ich erst nervös worden. Ich war ja von der vielen Arbeit schon ausgelaugt. Alle drei Stunden muß man wickeln und füttern. Und kaum, daß alles weggeräumt war, hab ich müssen wieder anfangen. Das war mir fast zuviel. Das hat sich dann wieder gegeben und ist wiedergekommen. Da zittern einem die Knie. Und wenn ein Besuch gekommen ist und ich zu zittern angefangen hab', hab' ich gar keinen Besuch haben wollen. Wenn ich zu einer Nachbarin gehen hätt' sollen, die mich eingeladen hat – ich bin nicht gegangen. Ich hab' das Zittern gekriegt, Herzklopfen, alle Zustände. Ich bin in meiner Wohnung gesessen, hab' Zeitung gelesen, ziemlich viel Rätsel gelöst, rausgesucht aus dem Buch ... Oder wenn mir was wehgetan hat, ich Injektionen gebraucht und gewußt hab', jetzt kommt der Doktor: Da hab' ich schon gezittert. Das war auch sehr unangenehm.

Trotzdem hab' ich allein gelebt, ganz allein, und hab' mir alles gemacht, bis zu dem bewußten Tag, an dem ich einen kleinen Schlaganfall gehabt haben düfte. Ich bin in der Früh wie immer zeitig aufgestanden, hab' meine Arbeit gemacht, zusammengeräumt, gefrühstückt, im Zimmer gründlich gemacht ... und dann bin ich in die Küche, hab mir gedacht, jetzt kochst du dir was. Ich hab' Fisolen (österr.: grüne Gartenbohne, Anm. d. Verf.) gewaschen und zum Schneiden angefangen, und da hat meine Tochter angerufen. Meine Tochter ist sehr brav und sehr besorgt. Und sie sagt: „Ist dir nicht gut?" Und ich: „Nein, nein." Sie ist aber trotzdem gekommen. Sie sagt, ich bin gesessen und hab' die Hände steifgehalten. Die Fisolen waren angebrannt. Normalerweise hab' ich immer, wenn das Telefon gegangen ist, den Herd abgedreht. Jetzt hat sie nicht gewußt, was sie machen soll und hat die Rettung geholt. Die hat mich ins Spital gebracht, und ich war zwei Monate dort, sie haben nicht recht gewußt, was ich hab'. Aber die Zunge im Mund hat sich gerollt und ich hab' nicht sprechen können. Und gehen hab' ich beinah' nicht können und bin ja gut gegangen vorher. Es war so ein plötzlicher Schock. Dabei hab' ich vorher nichts gespürt, gar nichts. Nur war da ein Moment, wo sich irgendwas gelöst hat. Nach zwei Monaten hab' ich gehen müssen, dann hat die Tochter geschaut, daß ich da im Heim unterkomm', na, und seitdem bin ich da, drei Jahre.

Jetzt haben sie meine Geschichte gehört.

Laß dich nicht festnageln

Vergangenes kannst du nicht ändern.
Was falsch war, ehrliche Rückschau
sagt es dir schmerzlich.

Deine Hoffnung,
künftig den richtigen Weg
zu gehn, ist unser erkenntnisbedingtes
Vermögen, mutiger geistiger Wandlung.

Schreite sorglos
durch die Schablonen
der Hirten und Herren.

(Walther Maria Neuwirth: Träume,Verklärungen, Abstraktionen)

Johann Toth: „Ich möchte das dritte Jahrtausend auch noch erleben ..."

Ich möchte ihnen ganz kurz verschiedenes aus meinem Leben erzählen. Es ist so reichhaltig, daß man kaum folgen kann und es oft unglaubwürdig erscheint.

Meine Eltern stammen väterlicherseits von Edelgeborenen in Ungarn ab. König Matthias hat 1490 die Oberwarter als adelig erklärt, und jeder hat einen Adelstitel erhalten. In der Chronik von Oberwart ist vermerkt, daß 1495 die Tóth in Oberwart genannt wurden. Aber so weit geh' ich jetzt nicht zurück ... Mein Vater stammt aus einer Großbauernfamilie, und nachdem der Grundbesitz ja nicht mehr für alle aufgeteilt werden konnte, haben die Kinder alle einen Beruf erlernt. Mein Vater hat in Pinkafeld Schmied und Schlosser gelernt und ist um die Jahrhundertwende – wie die Industrialisierung in Österreich Platz gegriffen hat – von Ungarn herauf nach Leobersdorf gekommen und in der Maschinenfabrik untergekommen. Meine Mutter war eine Groß-Petersdorferin (damals in Ungarn) und hat hier in Leobersdorf in der Hauptstraße/Ecke Feldgasse gewohnt. Meine Mutter war in der Patronenfabrik Hirtenberg beschäftigt. Und wie es damals war, ist es halt passiert, daß ich am 27. 11. 1898 um 11.30 Uhr als lediges Kind auf die Welt gekommen bin – weil nur zu Faschingszeiten geheiratet werden durfte! Ich mußte also „warten", bis im Februar 1899 die Heirat war und wurde dann als Toth Johann, ehelich, anerkannt. Meine Mutter ist nach Groß-Petersdorf zu ihrer Mutter gefahren, weil es hier praktisch fast keine Hebammen gegeben hat, deshalb bin ich in Groß-Petersdorf zur Welt gekommen. Ich bekam dann noch vier Geschwister, zwei Brüder und zwei Schwestern. Eine Schwester, 1912, geboren, lebt noch. Meine Eltern wurden beide 76 Jahre alt, das war damals ein Alter.

Die Leobersdorfer Maschinenfabrik war eine vorbildliche

Firma. Die hat sogar ein eigenes Notspital gehabt und einen eigenen Kindergarten, und so bin ich mit drei Jahren dort in den Kindergarten gegangen – bis zum sechsten Lebensjahr. Damals hat die Firma „Ganz & Company" geheißen, eine Zweigfirma der Budapester. Erzeugt wurden damals Räderpaare, Achsen und Weichen für die Eisenbahnen ... später dann hat man Dieselmotore für die U–Boote gebaut. Nach Beendigung des Schuldienstes bin ich in die Maschinenfabrik Leobersdorf als Maschinenschlosser eingetreten, hab' dort gelernt, und dann ist 1914 der Krieg ausgebrochen. Und ich wurde am 26. Mai 1916 einberufen zur Infanterie nach Steinamanger (das war ja ungarisch) und dann nach Wien überstellt. Eine Episode: Wenn irgendetwas war, zum Beispiel Wachdienste – „Toth Johann!" Na, bin ich halt vorgetreten. Ich war schon ganz blöd, allweil Toth Johann. Eines Tages hab' ich mir gedacht, jetzt ist es mir schon zuviel und hab' mich einfach nicht gemeldet. Am nächsten Tag hab' ich mir gedacht ‚Da rührt sich ja eigentlich gar nichts!' Stellt sich heraus: Bei unserer Kompanie waren vier Toth Johann! Und ich war allweil der Blöde, ich bin allweil vorgetreten ...

Weil ich Maschinenschlosser war, hat man mich am 4. April 1917 von der Truppe abkommandiert, zur k&k Südbahngesellschaft nach Marburg an der Drau als Lokomotivheizer. Und dort war ich dann bis August 1919. Man hat mich bevorzugt, ich habe alle Lokomotiven, die in Marburg stationiert waren, entweder im Verkehr in Marburg oder auswärts nach Triest, Villach, Lienz, Judenburg oder Radkersburg, herauf bis Mürzzuschlag, gefahren.

Im Mai 1919 sollte die Grenzziehung zwischen Österreich und Jugoslawien sein. In Marburg war der Sitz der Auslandskommission. Und eigenartig war, als die Eisenbahner die Demonstration am Rathausplatz organisiert haben, hat Militär vom Balkon vom Rathaus aus auf die Leute geschossen. Man hat dort auch einen Buben, Sohn eines Arztes, erschossen. Den man erst ein paar Tage später gefunden hat: Er war in ein Denkmal hineingefallen! Ich habe also die Grenzziehung Österreich/Jugoslawien und die Umstände da miterlebt.

Und im Mai 1919 war ich von der Betriebsleitung eingereiht, für einen Sonderzug der interalliierten Grenzkommision nach Zagreb/Agram zu fahren. Es wurde uns erklärt – dem Lokführer und mir – unter keinen Umständen stehenzubleiben: Unsere Strecke sei nur für diesen Sonderzug freigemacht – zwei französische Luxuswaggons und einen Gepäckwagen für den Zugsführer. Ca. bis 20 km vor Agram läuft plötzlich neben dem Zug eine Herde Pferde. Und der Großteil davon läuft vor unserem Zug auf die andere Seite, zum Schluß noch ein Füllen – und das haben wir leider mit der Lok erwischt. Ich hab' noch meinen Kopf eingezogen, weil der Körper direkt an mir vorbei und an die drei Waggons geflogen ist. Und auf dem Geleise, wo wir gefahren sind, ist es liegengeblieben ... Jetzt kommen wir nach Agram und sehen eine große Menschenmenge. Als wir endlich 50m außerhalb der Menschenmenge stehengeblieben sind, kommt der Betriebsleiter: „Warum seid ihr nicht stehengeblieben?". Sag ich: „Herr Ingenieur, warten's einmal, jetzt schauen wir einmal". Bin runter und hab' geschaut: Hat das Füllen den Bremsschlauch abgerissen, und dadurch haben wir keine Bremse gehabt und haben müssen weiterfahren. Und die drei Waggons waren mit Blut verschmiert. „Das darf doch nicht wahr sein," sagt er. „Da haben wir doch die größten Schwierigkeiten!" – Nachdem ich vorher Militärheizer war, bestand unter Umständen der Verdacht, daß es irgendeine Sabotage gewesen wäre. Man hat mir sofort einen Freischein gegeben und ich mußte gleich wieder nach Marburg zurück. Auf der Bahn war der Dienst leider so, daß man mit einem Fuß immer im Grab gestanden ist: Schwierigkeiten, Schwierigkeiten. Und als der Umbruch Österreich/Jugoslawien kam, da wurden keine polnischen Kohlen geliefert, sondern wir mußten mit Holzscheitern, meterlangem Holz, die Lokomotive heizen. Können Sie sich vorstellen, was das bedeutet, wenn man da ein paar Prügel hineinhaut, wie weit man da gekommen ist? Im August 1919 hat mir das nicht mehr behagt. Ich sollte die Lokführerprüfung machen und als Lokomotivführer für Jugoslawien fahren, sollte dazu aber Slowenisch lernen. Sag ich „Bevor ich jetzt Slowenisch zu lernen anfang', geh' ich nach Hause." Hab' gekündigt mit dem Vorsatz, weiter Schulen zu besuchen. Ich habe sehr schöne Abschlußzeugnisse gehabt von der Volksschule, der gewerblichen Fortbildungssschule in Vöslau (die damals gar nicht Pflicht sondern freiwillig war) und hatte die Absicht, auch als Maschinentechniker, als Ingenieur, eine Prüfung zumachen. Habe auch Schulen besucht und ein Schulabschlußzeugnis als Werkmeister für Maschinenbau und Elektrotechnik. War zwischendurch sodann kurzfristig beschäftigt bei den Zelluloidwerken Blumau, Chromag Hirtenberg, Patronenfabrik Hirtenberg ...

In Leobersdorf wurde damals ein Arbeitsamt eröffnet – das hieß damals Arbeitslosenamt – und mir eine Stelle angeboten. Ich war dann also bis 1963 in der Arbeitsmarktverwaltung tätig.

Ich hatte Ende der 20er Jahre meine Frau, die eine Sudetendeutsche aus dem Gebiet Gablonz-Morchenstern war, kennengelernt, und am 12. Juli 1925, einen Tag bevor ihr Reisepaß abgelaufen war, geheiratet. Sie war dann noch kurze Zeit bei ihrer Mutter in Morchenstern, bis ich eine Unterkunft bekommen habe. Denn damals war das fürchterlich: Wir waren auf Wohnungssuche. Für ein „Loch" muß man sagen – es war eine Waschküche 3 mal 3m – wollte der Besitzer monatlich 25 Schilling Miete! Und ich habe damals am Arbeitsamt 198 Schilling monatlich bekommen! Also praktisch gar nicht möglich, zu leben. Bis wir dann endlich mit Hilfe unserer Kollegen in der Neugasse in Leobersdorf eine Unterkunft gefunden haben. Am 4. Oktober 1927 wurde meine Tochter Hella Toth geboren, die ist leider mit 62 Jahren an Krebs verstorben. Wir waren in Rhodos, kommen nach Hause – sie hat keinerlei Schmerzen gehabt – und nach 4 Tagen kommt sie und sagt „Vater, ich muß nach Baden zur Untersuchung ins Spital". Fährt nach Baden und dann sofort nach Wien, dort ist sie in Lainz operiert worden. Ich hab' dann mit dem Oberarzt gesprochen. Sagt er „Wir mußten zwei Drittel der Leber entfernen. Es besteht keine Hoffnung ... Hat sie getrunken?" Sag' ich: „Überhaupt nicht." Wie Hella zu dieser Krankheit gekommen ist, wir haben keine Ahnung gehabt ... Ein Jahr hat sie noch gelebt, und dann ist sie verstorben.

Ich habe zwei Begriffe gehabt für mein Leben: Meine Familie und den Sport. Und ohne meine Frau Margarethe hätte ich kaum das Goldene Verdienstzeichen der Republik bekommen. Sie hat die Arbeiten des Sportes zum Teil für mich übernommen, und ich war in meinem Beruf als Arbeitsvermittler und dann Abteilungsleiter voll beschäftigt.

Um die Jahrhundertwende hat die Leobersdorfer Maschinenfabrik Facharbeiter gebraucht: Schlosser, Tischler, alles mögliche. Man hat diese Leute gesucht und ihnen Dienstwohnungen gegeben. Wir haben beschäftigt gehabt: Ungarn, Kroaten, Slowenen, Italiener, Gallizianer, einen Deutschen. Die waren Facharbeiter und haben den Betrieb aufgebaut. Nachdem die Vereinsleitung des hiesigen Turnvereines ein bißchen ungut war – der Turnverein war national eingestellt – haben wir gesagt, da gehen wir her und machen einen eigenen Verein als Arbeiterturnverein. Und in diesem Arbeiterturnverein Leobersdorf war mein Onkel Martin Toth der erste Turnwart. Damals hat man in Gasthäusern geturnt, weil ja sonst keine Möglichkeit war, den Sport zu betreiben. War es schön, hat man heraußen gespielt usw., und wenn schlechtes Wetter war, mußte man ins Gasthauszimmer. Da bin ich also mit den anderen Buben zum Onkel turnen gegangen. Dann ist ja der Krieg ausgebrochen – ich bin im Mai 1916 eingerückt – und wie ich zurückkomme, waren meine Kollegen gefallen. Die meisten stehen auf dem Kriegerdenkmal Leobersdorf... Keine Leute da. Schlecht alles. Es wurde während des Weltkrieges nichts erzeugt, keine Textilien, nichts war da vorhanden. Und die Leute waren hungrig nach einer Tätigkeit. Wie ich zurückgekommen bin, hat man gesagt „Du verstehst schon was davon, nimmst die Funktion an und schaffst eine Mannschaft: Handball, Raufball, Faustball." Faustball ist ja vorher auch schon gespielt worden ... Nach Kriegsende hat man in Österreich gesagt „Wir sind ein bißchen schwach, wie wäre es denn, wenn wir uns den Deutschen anschließen und zusammengehen?" – Also wurde für Österreich der 17. und 18. Kreis gebildet. Ich war dann der Leiter für den 17. Kreis (Wien, N.Ö., Burgenland, Stmk., Kärnten und Osttirol war mein Ressort) und bin 1928 als Vertreter für Österreich in den Bundesspielerausschuß gekommen. Wir haben gemeinsam die Beschlüsse gemacht, wie es damals halt war. Es wurde damals ein Antrag gestellt, auch in der Halle zu spielen. Sag' ich: „Wir haben ja keine Halle, wie sollen wir denn in der Halle spielen?" Hab' den Auftrag gekriegt, ich soll den Antrag bei der Tagung in Leipzig ablehnen. Ich hab also abgelehnt. Aber die russischen und die Oststaaten waren dafür. Die haben Hallen gehabt, weil die ja die meiste Zeit Winter gehabt haben, wir nicht. Jetzt habe ich mich bemüht und mit meinen Kollegen erwirkt, daß uns in Wiener Neustadt die Reithalle der Akademie zur Verfügung gestellt wurde ... Wenn man alles niederschreiben würde, das wäre alleine ein Buch: Wenn ich 20 Jahre im Handballverband war, 183 Schiedsrichter geschult und ausgebildet und zu den Spielen – auch zu den Internationalen – begleitet habe. Ich hab' die Spiele geleitet, war auch bei den verschiedenen Tagungen in Magdeburg, München, Stuttgart ... Die Arbeit die dranhängt, erkennt man ja nicht. Oder ich war Obmann vom Turnverein Leobersdorf, mit allen Spielarten, Turnen, Leichtathletik usw.

Ein Schwager von mir war in Holland beschäftigt, und seine Frau – meine Schwägerin – wollte auch nach Holland. Der Bub ist bei mir geblieben, ist da in die Schule gegangen. Und am 15. Juli 1927 – wie damals der Brand war – war ich mit der Schwägerin in Wien in der Rotenturmstraße einen Mantel kaufen. Da hat's keine Geschäfte gegeben, so daß man einfach hineingegangen ist und gekauft hat, da hat man suchen müssen. Wir mußten warten und haben uns beim Donaukanal auf eine Bank gesetzt. Und auf einmal „Trara, trara, trara" – Was ist denn los? Und wie wir gehen, seh' ich da beim Polizeigebäude heraußen Schutzbündler sitzen – und drinnen Polizei mit Gewehren ausgerüstet und Pferde ... Denk' ich mir, na, was ist denn da los? Wir sind aber weitergegangen. Und vielleicht nach 100 m sieht man schon den Rauch, wie der Justizpalast brennt. Auf einmal kommt die Ringstraße entlang – wo wir jetzt gegangen sind – Polizei, bewaffnet, Gewehre schußbereit. Kommen her, und auf einmal fangen die zum Schießen an! Auf der Ringstraße! Sag ich „Um Gottes Willen! Schauen wir, daß wir weiterkommen ...!" Und da seh' ich heute noch, wie ein Mann rübergeht, mitten auf die Straße. Wie die Polizei kommt, und er schreit: „Na, da schießt's!" Und dann reißt er das Hemd auf, und tatsächlich, auf einmal schau' ich: Die schießen. Fällt der um. Wir haben uns gleich zu Boden geworfen. Und dann sind wir gelaufen, wir zwei. Und auf einmal kommen uns Demonstranten entgegen, Frauen, aus dem Betrieb. Sag' ich zu der an der Spitze: „Geht's nicht weiter! Dort wird geschossen. Da sind schon Leute erschossen worden." Die haben mich auf die Seite gedrückt und sind weitergegangen. Sind aber keine 50m gekommen, auf einmal sind sie schon zurückgelaufen ... Wir haben geschaut, daß wir den Mantel kriegen, auf den Südbahnhof kommen ... und dort waren ja Hunderte Leute, die noch nach Hause fahren wollten. Überall waren die Kämpfe. Endlich wurde ein Zug eingeschoben, und wir haben dürfen mitfahren ...

Ich habe genug erlebt und gesehen noch und noch. Daß nicht alles Gold ist, was glänzt. Schwer, schwer, und alles erkämpft werden muß. 1934 war – wenn Sie sich erinnern können – dann der Umbruch. Da hat man dann ja alle Arbeitervereine verboten. Wir durften nicht mehr spielen. Das war schon eine staatsgefährdende Handlung, können Sie sich's vorstellen, wenn man Handball gespielt hätte! Aber die Spieler haben sich ja nicht gehalten, sie wollten ja spielen. Sie haben halt so gespielt, und dann sind die Leobersdorfer zu mir gekommen: „Möchtest du uns nicht Spiele pfeifen?" Sag' ich „Gut, ich mach' euch das schon, nur im Ortsbereich da ..."

Ich war ein treuer Familienvater, habe noch meine goldene Hochzeit gefeiert, und dann ist meine Frau gestorben, das war vor 22 Jahren. Seitdem bin ich Witwer. Zuerst hat mich meine Tochter betreut, und jetzt hab' ich meine Enkelin und meine Urenkel ...

Wenn ich wo hinkomm', im Inland oder Ausland, werde ich

überall hochgejubelt. Einen 100jährigen Mann, das gibt's ja nicht, sagen die Leute. Ich war heuer im März mit den Pensionisten in Umag. Sagt unser Reiseleiter: „Der Herr Toth ist 100 Jahre ..." „Das gibt's ja nicht. Der Herr bekommt ein ganzes Appartement ..." Für mich allein! Ein ganzes Appartement! Die anderen haben 2-Bett-Zimmer und ich ein ganzes Appartement! Ich hab' schon ein Rezept: Nicht rauchen, wenig trinken und nicht vor 100 sterben. Voriges Jahr in Spanien hat man mich auch zum Mikrofon geholt, da hab' ich gesagt „Ich möchte nicht nur meinen 100er erleben, sondern ich möchte das Jahr 2000 auch noch erleben, weil dann hab' ich in drei Jahrhunderten gelebt ..."

Herr
Jesus Christus

Laß mich Dich
tiefer erkennen,

Dich
inniger lieben,

Dir
treuer nachfolgen

(Motto Schwester Norbertas, Verfasser unbekannt)

Sr. Norberta, CS: „Ich danke Gott für meine Gesundheit und für meine Berufung ..."

Ich bin in Südmähren aufgewachsen, das ist so eine Landschaft bäuerlicher Art. Ein großes Gut von Graf Herberstein ist dort, da war mein Vater angestellt. Er hat die landwirtschaftlichen Schulen gemacht, war natürlich der beste Schüler und hat sofort eine Anstellung bekommen. Wir haben dann auch eine Wohnung im Schloß bekommen, da waren wir drei Buben und ich als Jüngste. Daß ich mit drei Buben aufgewachsen bin, war bestimmt für meine Leute etwas schwierig, weil ich hab' alles gemacht, was die Buben gemacht haben. Also auf die Bäume geklettert und auch auf die Dächer ... was ich halt so gesehen hab', hab' ich immer wieder, wenn ich aus dem Kinderzimmer entfleuchen konnte, nachgemacht. Als Jüngste bin ich nach drei Buben mit großer Freude und Sorge erwartet worden. Das ist ja üblich, daß das Mädchen fehlt. In der Schule – ich war nicht die Allerbeste, aber ich gehörte zu den Besten – hab' ich schon immer vorgelernt mit den Brüdern. Wollte das wissen, was die konnten. Die Schulzeit war mir sehr lieb und hat durch den Religionsunterricht schon damals zu meinem Beruf beigetragen. Unser Katechet (Religionslehrer, Anm. d. Verf.), hat uns erzählt, er kommt am Freitag nicht, er fährt zur Gelübdeablegung seiner Cousine. Ja, was wußten wir am Land von Gelübden? „Was ist das?" Und das war dann das für mich, diese Religionsstunde: Er hat erzählt, wie die Braut dem Bräutigam das Jawort gibt für ihr ganzes Leben, verspricht, ihm treu zu sein und ihn auch zu lieben, so ist die Nonne dem Heiland treu als Braut, bis an ihr Lebensende. Und sie ist und bleibt eine Braut Christi. Und das hat mich so bewogen, eine Braut Christi zu sein, mit 13, 14 ungefähr ... Und von dieser Klasse sind wir zu viert ins Kloster gegangen. Ich bin nicht mehr losgekommen von dem Gedanken „ich werde eine Nonne und ich bleibe bis zum Lebensende eine Braut Christi". Ich bin in die

Kirche gelaufen, habe alles mögliche getan, war Jugendführerin ... Die Leute haben dann zu meinem Vater gesagt: „Euer Mädel rennt nur immer in die Kirche". Hat er g'sagt: „Der Jugend muß man jeden Spleen lassen. Sie soll lieber jetzt Dummheiten machen, als wie dann später. Das ist mir ganz gleich, wird sich alles geben." Aber es hat sich nicht gegeben. Ich war dann in Brünn bei den Ursulinen. Wie ich' unseren Katecheten gefragt hab', was denn diese Schwestern machen, hat er gesagt: „Beten und handarbeiten". Ich war begabt für Handarbeiten und hab' verschiedene Kurse gemacht. Aber die Ursulinen haben mich insofern nicht sehr beeindruckt, weil dieses Steife hat mir nicht so gefallen. Aber gelernt haben wir viel. Und um die Ecke waren die Eucharistiner. Und diese Eucharistiner haben es verstanden, uns junge Mädchen für die Anbetung zu gewinnen. Dann war ich zu Hause – der Erste Weltkrieg war ausgebrochen – und mußte zu Hause mithelfen. Aber ich hab' immer die Jugendgruppe gehabt, Theatergruppen geführt bis hinauf ... Und der Wunsch, ins Kloster zu gehen, blieb. Meine Brüder, die zwei großen, waren im Krieg, und da hat's dann immer geheißen „Wart', bis ich komm'". Dann sind sie zurückgekommen und es gab verschiedene Umstellungen, beruflich und dies und jenes. Und dann hab' ich doch den Wunsch geäußert, da haben meine Brüder gesagt „Weißt, warte, bis wir verheiratet sind. Du verdirbst uns den Hochzeitstag, wenn wir eine Schwester haben, und die geht ins Kloster und läßt uns am Hochzeitstag allein." Und da war schon in der Zeitung eine Annonce über die Caritas Socialis. Meine Freundin war Steuerbeamtin, da kam am Samstag der tschechische Beamte und sagte: „Fräulein, sie brauchen am Montag nicht mehr zu kommen." Für 14 Tage das Gehalt, ab ... So ist es den ganzen deutschen Beamten gegangen. Und die hat auch den Artikel gelesen, ist sofort nach Wien gefahren und hat mit Frau Doktor (Hildegard Burjan, die Gründerin der Caritas Socialis , Anm. d. Verf.) gesprochen – aufgenommen in 14 Tagen ... Und unten am Papier ist gestanden: „Um diese Arbeiten auszuführen, machen die Anwärterinnen die soziale Frauenschule." Das war wieder was! Die Hedi ist 'naus (hinaus, Anm. d. Verf.), war voller Begeisterung dort. Aber meine Brüder ... Bin ich auch zur Frau Doktor, sag' „Ja, ich könnte kommen" – mein Onkel war gefallen, da waren 9 Kinder und man hatte schon ein Mädchen als Ersatz für mich aufgenommen – „aber meine Brüder sind so dagegen. Sie sagen, ich verdirb' ihnen den Hochzeitstag ..." „Dann kommen Sie, und Sie kriegen dann zur Hochzeit eine Woche frei." Also ab in die CS (Caritas socialis), da war ich schon 25, 26 ... Aber ich hab's nicht bereut. Für einen Moment war ich enttäuscht: Bei den Ursulinen war alles so genau, so vornehm. Und in der CS ging's so ein bisserl weanerisch zu, also nicht so geordnet wie bei den Ursulinen. Die verschiedenen Arbeiten und die Jugend hat mich interessiert. Ich war bei der Mädchengruppe in Klosterneuburg, habe Handarbeit unterrichtet. Nur, wie gesagt, die Ordnung und gewisse Regeln... aber ich hab' mich dreingefügt. Ich bin dann nach Böhmen gekommen, nach Kratzau. Das ist eine Kommunistenstadt gewesen. Und wissen Sie, was wir da erlebt haben? „Die Wiener Pupperln vom Herrn Pfarrer! Sie müssen nicht jeden Tag beim Pfarrer schlafen, ich hab' auch ein schönes Schlafzimmer. Sie können bei mir auch schlafen ..." Das ging aber dann zu weit. Da hab' ich mit dem Bürgermeister gesprochen: „Schauen Sie, ich bin tschechoslowakische Staatsbürgerin. Obwohl Österreicherin. Aber das lassen wir uns nicht bieten, wir gehen ab." Der Bürgermeister hat sich bemüht, wollte alles selbst bezahlen. Aber es war nicht möglich, eine Kommunistenstadt ist nicht so einfach. Von da bin ich in die Bischofsstadt Leitmeritz gekommen, da war ich so die linke Hand vom Bischof. Es war eine schöne Arbeit. Auch Jugendarbeit: Das war es, was mich immer so gereizt hat. Nach Leitmeritz kam Berlin: Ein großes Haus mit 254 Frauen, 100 Studentinnen. Sie können sich denken. Und Heimleiterin!

Berlin im Jahr '39: Hat mir gefallen, Berlin. Aber der Krieg! Wir waren gut versorgt mit Lebensmitteln. Meine Verwandten haben mir alle die Lebensmittelkarten geschickt, waren alle gut versorgt.

Einer jüdischen Millionärstochter aus München riet man in Wien, sie soll nach Berlin ins Frauenbundhaus fahren, die würden den Juden helfen. Da ist sie dann gekommen und hat mich gebeten, ob sie ein paar Tage bei uns bleiben kann. Da hab' ich gesagt: „Ja, ein paar Tage schon". Das war zum Ende des Krieges, also im letzten Jahr. Da wollten die Russen Berlin erobern und haben in den Dörfern vor Berlin Stellung genommen. Da haben sie verlangt, daß die Leute bis Berlin übersiedeln müssen, später können sie wieder zurück. Da haben sie im Radio gesagt, sie bitten, man möge diese Leute aufnehmen – es würde vielleicht 8 bis 14 Tage dauern – bis die Russen Berlin erobert haben und sie wieder zurückkönnen. Ja, und wer die Leute aufnimmt, der soll mit ihnen zur Polizei kommen, sie bekommen einen Anmeldungsschein und Lebensmittelkarten. Das hat die Frau im Radio gehört und hat mich gebeten, ich möcht' mit ihr zur Polizei gehen und sagen, daß ich sie aufnehme für die 14 Tage und daß sie mich kennt. Sie kannte mich, weil ihre Freundin hat bei uns gewohnt beim Studium, da hat sie sie öfters besucht. Da hab' ich ihr zugesagt, ja, ich nehm' sie auf, sie ist mir bekannt und sie ist von dieser Ortschaft Schützenau. Also die Leute haben nach der Reihe ihre Meldungen gegeben, jetzt kam sie dran: „Ja, Herr

Kommissar, ich bin ja entsetzt, wissen Sie, mein Karli! Ja, wo werd' ich denn die Feldpostnummer bekommen? Mein Karli! Mein Karli!" „Wie, was, wann? Woher kommen Sie?" „Na von Schützenau." „Ja wo haben Sie denn gewohnt in Schützenau?" „In der Straße ... Nr. 28. Wissen Sie, um die Ecke ist die Kirche, auf einer Ecke war die Schule, und dort war das ... – und da war das ..." Er hat die Leute ausgefragt. So: „Herr Kommissar, mein Pelzmantel! Oh, mein Pelzmantel, und mein Schmuck! Alles hab' ich dort!" – Mit Tränen in den Augen „Und mein Karli! Keine Feldpostkarte bekomm' ich, das halt ich nicht aus!" Also ich sag' Ihnen, ein Theater sondergleichen! Und da hat der Kommissar gesagt: „Bitte weiter, wann sind Sie geboren und wo?" „In Schützenau. Und Nachbarn habe ich nette gehabt ..." Dann hat sie Lebensmittelkarten bekommen und die Anmeldung und ist mit mir abgezogen. Ich kann Ihnen sagen, so ein Theater! So eine Lüge herbeizubringen und so mit Tränen, ihr Karli, die Feldpost und alles ... „Ja, Herr Kommissar, wenn ich jetzt krank werd', wo krieg ich einen Krankenschein her?" „Die Frau Oberin wird alles richten. Die weiß schon. Die hat schon mehr Leute ..." Ich war bekannt auf unserer Polizei, denn auf unserer Ecke war die Polizeistation. Der Posten stand dort – und wenn's geregnet hat und kalt war, hat er sich immer bei uns gewärmt. Ich hab ihm oft einen heißen Tee gegeben mit etwas Rum. Wie gesagt, wir haben einen guten Namen gehabt bei der Polizei. Da hat er mich getroffen, der Kommissar, und gesagt „Na, ich hab' sie bedauert, wenn die sie den ganzen Tag belästigt ..." Sag' ich „Nein, nein. Ich hab' mein Personal schon abgerichtet. Daß sie mich, wenn sie zu mir kommt, sofort zum Telefon rufen. Ich hab' schon Methoden, um die Leute wegzubekommen." Da hat er gesagt „Ich gratuliere Ihnen." Also ich hab' ihn abgewimmelt. Ich hab' gesagt „Sie hat

Bekannte, und da ist sie nicht immer im Haus." Na, also gut war's. Diese Person war die Braut von Dr. Oswald. Der Dr. Oswald hat die erste große V 1 (Vergeltungswaffe, „fliegende Bombe" Anm. d. Verf.) losgelassen, wenn Ihnen das vielleicht etwas sagt. Und da ist er umjubelt worden. Aber dann kam das Gegenteil: Ich weiß nicht, wieviele Tausender auf seinen Kopf gesetzt wurden. Dann ist er eines Nachts mit dem Auto zu uns gekommen, hat sie geholt ... und dann haben sich beide auf der Stelle, wo die V 1 losgelassen worden ist, erschossen. Also das war die eine Jüdin.

Die zweite Jüdin war eine Arztenstochter, ganz in der Nähe vom Frauenbundhaus. Die hat auch studiert in England und in Paris. Und die ist mir durch eine Fürsorgerin ans Herz gelegt worden. Sie war so unscheinbar. Also hab' ich sie aufgenommen: „Was können's?" „Englisch, Deutsch, Musik, alles mögliche." „Ja aber damit kann ich Sie nicht beschäftigen. Können Sie in die Küche ...?" „Ja, ich mache jede Arbeit." Hab' ich sie in die Küche gesteckt, Geschirrabwaschen. Sie konnte ja nichts. Dann haben die Mädchen gesagt „Schwester, so einen Trampel hat uns das Arbeitsamt geschickt. Der Trampel kann ja nicht einmal einen Scheuerlappen auswinden." Sag' ich „Sie war Schuhverkäuferin. Die hat nichts gemacht als wie Schuhe verkauft. Die kann eben nichts. Und selber ist sie versorgt worden. Tut's es lieber bedauern, die hat ja alles verloren ..." Spät in der Nacht dann hab' ich ihr immer das und das erklärt, sie hat sich ganz gut hineingefunden irgendwie. Sie hieß Buttermilch und hat den Decknamen Luise Bartog genommen. Und ihre Schwester, die war Nervenspezialistin, ist nach Leipzig geflohen, dort hat sie ein Priester bei Familien untergebracht, drei Familien ... Immer wieder hat sie wegmüssen und dann Selbstmord gemacht. Bei ihr hat man

„Luise", den Decknamen und unsere Telefonnummer, gefunden. Und jetzt ging's auf mich los. „Wen suchen Sie? Eine Luise? Wie hat's denn ausgeschaut? Blond? Schwarz?" „Wissen wir nicht." „Was war sie denn?" „Wissen wir nicht." „Wissen Sie von ihren Angehörigen die Verwandten?" Na, das ging so weiter, noch und noch. Polizei und die Gestapo und alles mögliche, x-mal ein Angriff am Vormittag ... Sag' ich „Bei 254 Frauen hab' ich 6 oder 7 Luisen. Das können sie von mir nicht verlangen, und andererseits gehen mich die Verwandten ja nichts an." Oh, ich sag' Ihnen, ich hab' gezittert. Und ich mußte die freundliche Heimleiterin und die neugierige Heimleiterin und die unwissende Heimleiterin, alle Fassonen spielen. Die Erschrockene „Wir sollen eine Jüdin haben? Wie kommen Sie denn auf die Idee?" Ja, ich mußt mich immer verstellen: „Sie sind im Irrtum. Was wollen Sie bei unseren Frauen suchen? Doch nicht eine Jüdin im katholischen Frauenbundhaus!" Also gut. Da geht einmal der Pater Jakob spazieren, begegnet diesem jungen Gestapo-Mann, der ihn auch interviewt hat, mit seiner Frau und zwei Kindern. Und ein anderes Mal trifft er ihn alleine. Frag' ich ihn das nächste Mal also „Sagen Sie, Sie müssen ja jetzt schon drei- oder viermal nach Berlin fahren. Ist Ihr Chef nicht auch verheiratet?" „Er hat auch Kinder." „Muß der nicht jedesmal nach Berlin fahren? Können Sie nicht mit ihm sprechen, daß er den Akt hinlegt? Soviele Leute liegen unter den Trümmern, und sie sollen ihr Leben lassen für so einen Menschen, der ja niemand etwas gemacht hat. Reden sie doch mit ihrem Chef. Ich hab' ihre zwei Kinder gesehen, ihre Frau. Wenn ich mir so denk', Sie sollen in Berlin ums Leben kommen!"

Nach ein paar Tagen um halbelf am Abend Telefon: „Ein Herr ist hier, der muß sie dringend sprechen." Ach, lieber Gott! Komm' ich runter, lacht er mich an. Sagt „Schwester, ich hab' vom Chef erreicht, der Akt ist abgelegt worden. Ich hab' zu meinem Chef gesagt, das muß ich der Schwester gleich sagen, die muß noch eine ruhige Nacht zum Schlafen haben." Da war ich sehr froh. Luise konnte bei uns bleiben. Zum Schluß hat Truman viele tausend Juden auf seine Rechnung nach Amerika kommen lassen, und da war sie mit dabei. Sie mußte Zeugnis ablegen und ist mit nach Amerika, nach New York. Und in New York hat sie einen Berliner Juden kennengelernt und hat geheiratet. Zu Weihnachten hat sie mir noch ein kleines Weihnachtsgeschenk geschickt und sich bedankt. Ich hab' den Dankbrief noch da. Sie war drei Jahre glücklich verheiratet, und dann hat sie eine Infektion gehabt, und als Arztenstochter hat sie geglaubt, sie braucht nicht zum Arzt gehen. Sie hat sich selbst noch einmal infiziert und ist innerhalb von ein paar Tagen gestorben.

Das Kriegsende war so, daß Berlin abgeteilt wurde. Wir waren Russenzone. Bei uns haben also die Russen gehaust. Wir haben an die dreißig Verwundeten im großen Festsaal gehabt, da kamen die Verwundeten, die Straßenkämpfer, alle herein. Oh weh! Und ich hatte noch die alte Brosche mit dem weißen Kreuz. Kommt der Russe: „Du, wo?" und deutet auf meine Brosche. Hab' ich gesagt: „Ich bin vom Orden vom Weißen Kreuz von Jesus Christus aus Wien". Da hat er seine Russen sofort zurückgeschickt. Ja, die Rot-Kreuz-Schwestern mußten alle mit den Verwundeten nach Russland, und uns haben sie gelassen. Die Jesuiten waren vis à vis, die waren ausgebombt, und ich hab' die vier Herren, die Kapläne und den Pfarrer, aufgenommen. Und der war im Ersten Weltkrieg, der hat gesagt: „Wenn der Russe noch so ungläubig ist und alles... aber eines haben die Russen gemeinsam: Sie verehren die Mutter Gottes und sie verehren das Kreuz. Hängt euch alle ein Kreuz um!" Also haben wir alle am Schuhbandel ein Kreuz gehabt, und die Patres auch. Die haben ein großes Kreuz gehabt. Und dann ist das Lazarett aufgelassen worden, alles mußte nach Rußland, aber wir konnten bleiben. Was mich und alle so gestärkt hat: Daß wir genügend Zeit zum Beten hatten. Das hat uns Kraft und Trost gegeben. Daß wir so vertraut haben und gebetet zur Frau Doktor und zum Doktor Seipel, das war ja unser Mitbegründer... Und die Leute haben auch alle für uns gebetet. Die Jugend und alle. Daß wir so durchgekommen sind!

Wissen Sie, was das Furchtbarste war? Die Bombennächte! Die Angst! Wir waren in der Nähe vom Funkturm, zehn Minuten entfernt. Und den Funkturm wollten sie immer treffen. Links herum ist alles getroffen worden, nur nicht der Funkturm. Dann waren Einschläge, sowas können Sie sich nicht vorstellen. Volltreffer in den Luftschutzkeller! Und da sind die Leichen zerrissen gewesen: Dort ein Kopf, da ein Fuß, da die Gedärme und alles ... Die Studentinnen haben alle mitgeholfen, räumen, hinaus und herein. Die Männer für die Straßenarbeit, der Volkssturm, die haben die Leute ausgraben müssen. Dabei haben sie oft gesagt „Mir fehlt ein Kopf!“ oder „Mir fehlt ein Arm!“ Rein in den Sack, zugebunden. In der Früh ist der Leichenwagen gekommen und die Säcke hinaufgeschmissen worden: Grunewald, Massengräber. Ja, also da gehört ein Magen dazu. Wenn wir nicht soviel gebetet hätten! So haben wir gesagt, helfen wir nur und danken wir, daß wir verschont geblieben sind. Wirklich: Jede Nacht, drei, vier Tage lang waren wir oft in Kleidern und Schuhen. Tagsüber haben wir uns auf's Bett geworfen, und wenn wieder Alarm war, wieder raus ...

Neben unserem Haus war das Haus der Schwestern Unserer Lieben Frau: Volltreffer! Dreizehn Schwestern waren es, elf sind total zerrissen gewesen, zwei haben überlebt, die haben wir dann noch zu uns gebracht und dann ins Krankenhaus. Man konnte nicht weinen, man mußte weiterarbeiten. Das war ein schreckliches Ende. Aber dann ging's so halbwegs wieder auf. Der Hitler hat was angestimmt ...

Berlin war schwer, aber wir haben gewußt, wir sind gestützt von der Gemeinschaft mit dem Gebet. Und wir haben Gott sei Dank keine einzige Vergewaltigung gehabt. Ja, das war Berlin.

Und von Berlin bin ich über Innsbruck und Wien nach Dachau gekommen, in das berühmte Lager! Und es waren lauter Flüchtlinge, von ringsherum her. Ich hab' in Berlin den Katechetenkurs gemacht, den Abendkurs, so aus Vergnügen. Und dann hab' ich die Prüfung gemacht – also der Pfarrer war selig! Ich hab' gleich die Kinder von der ersten bis zur vierten Klasse bekommen. Aber wir waren in der Baracke, wo die Ärzte die Proben gemacht haben, wie lange es ein Mann im kalten Wasser aushält, wie lange im heißen Wasser und wie lange im Wechselbad, bis er tot ist: Das haben sie uns aber erst nachher gesagt. Ich hab' immer geglaubt, die Toten kommen auf. Also das war ein Schrecken. Und dann: Die geistlichen Herren sind oft zum Treffen gekommen, und da haben sie dann immer bei uns gastiert. Was die uns so erzählt haben, auch von Wundern!

Da waren zum Beispiel die Krankenbaracken, an jeder Seite 17 Baracken – und da war die Priesterbaracke. Und wenn einer zum Sterben war, so ging die Flüsterpropaganda rauf und da rüber „ein Priester möge kommen". Da hat der das Allerheiligste in die Hosentasche gesteckt und ist den Weg zurück zu den Kranken. Und da haben sie mir erzählt „Schwester, nicht ein einziges Mal ist es passiert, daß so ein Priester auf diesem verbotenen Weg erwischt wurde!" Er sei von Baracke zu Baracke gegangen – soviele sind dort gestorben – und fast alle sind versehen worden. Allen

Priestern ist es gelungen, die Kranken noch zu versehen und zu trösten! Und von manchen noch irgendwelche Nachrichten nach Hause mitzubekommen ... Aber was die einzelnen Priester erzählt haben, was sie so erlebt haben, wissen Sie, das kann man gar nicht schildern. Nein! Daß die Menschen so grausam sein können! Mit den Füßen anbinden und aufbaumeln lassen ... Aber auch wieder Schönes: Ein Mann ist zum Beispiel in der Verpflegsstube gewesen, der mußte immer alles notieren, was aus– und einkommt, und da ist jeden Morgen nach dem Frühstück der Offizier gekommen und hat ihm entweder ein Butterbrot oder eine Buttersemmel oder etwas anderes hingelegt. Hat gesagt: „Laß es verschwinden" und „Das g'hört dir, aber iß es bald weg". Jeden Tag. Manchmal, wenn er gekommen ist, war schon etwas in der Lade, „sofort essen ..." Wie dann die Amerikaner gekommen sind, hatte die SS-Kaserne sich gar nicht vorbereitet, nichts eingepackt – Da ist der Offizier nochmals zu dem Mann gekommen und hat gesagt „Bete für mich. Ich hab' zwei Schwestern, die sind im Kloster. Die haben mir jedesmal geschrieben „tu ein gutes Werk jeden Tag, dann wird dich der liebe Gott beschützen" ... Denken Sie sich, der SS-Mann hatte zwei Klosterfrauen!

Es war dann eine schöne Arbeit mit den Flüchtlingen. Sechzehn Jahre war ich an der Schule. Ich bin heute noch mit einigen in Verbindung.

Ich muß sagen, man hat auch soviel Gutes in den Menschen gefunden, das wird zu wenig bewertet. Auch jetzt in den Zeitungen. So viele grausame Sachen! Aber was Gutes gewirkt wird, wird zuwenig berichtet, das muß ich sagen.

Die heutige Zeit seh' ich sehr schwierig und nicht klar. Es müßte jemand kommen, der so durchschlagen könnte mit einem richtigen Programm. Aber da zieht einer links, da zieht einer rechts... Und der Glaube ist halt auch sehr gesunken. Das ist das Traurige, und der Priestermangel. Schauen Sie, wir auch: Seit Jahren keine Eintritte. Hier in Kalksburg haben wir schon so viele alte Schwestern, junge kommen so zwei, drei, aber früher haben wir oft 8 oder 10 Novizinnen gehabt, das war eine Hilfe! Im Jahre '38 haben wir die kirchliche Anerkennung bekommen, da waren wir 245 Schwestern. Und davon war ein Drittel, 85 Schwestern, vom Sudetengau!

Ich war seit frühester Jugend eucharistisch eingestellt. Und das hat eine Ruhe gegeben, alle Angst genommen. Ich hab' die Schrecken bewältigt. Man muß sich auf vieles einstellen. Wenn ich oft denke, was die armen Priester im KZ mitgemacht haben, muß man unserem Herrgott danken, daß man selbst durchgekommen ist. Viele sagen zu mir „Verraten Sie mir Ihr Rezept": Ich hab' viel gebetet, viel gearbeitet und viel Gymnastik gemacht. Heute im Bett tu ich noch radfahren und schulterkreisen.

Meine Mutter ist 73 Jahre alt geworden und der Vater 62 oder 63. Und meine Brüder waren zwei Jahre in russischer Gefangenschaft, die sind mit Nieren- oder Blasenleiden zurückgekommen. Die mußten in Russland die ganze Zeit in den Scheunen auf den Steinböden schlafen und haben lebenslange Leiden zurückbehalten. Aufgewachsen sind wir sehr gesund: Wir haben bis zwölf oder vierzehn Jahre alle unsere Schale Milch bekommen. Dann später erst durften wir gemeinsam mit den Eltern Bohnenkaffee trinken. Wir haben einen eigenen Weingarten gehabt, aber keinen Wein gekriegt. Sondern da hat die Mutter oder das Mädchen immer zwei Flascherln Kracherl (österr. Sprudel, Anm. d. Verf.) gekauft. „Der Wein ist Gift", hat's geheißen, „da könnt's ihr nicht so gut lernen, da bleibt ihr sitzen." Für uns war das selbstverständlich, wir haben unser Kracherl getrunken und waren froh.

Wir haben keine Not gelitten, haben viel Geflügel und alles gehabt. Der Arzt sagt immer: „Sie sind aus einem guten Holz ..."

Ich hab' im Leben immer die gute Seite gesucht. Man darf nicht hängenbleiben am Schweren. Es geht alles vorbei. Ich danke Gott für meine Gesundheit und für meine Berufung.

Ein Vermächtnis

Ehre das sinnende Alter,
denn es ist
ein Gottesbeweis,

indem es den jüngeren Menschen
als deutender Spiegel
dient und als Mahnung,

staunend im Bild zu erkennen,
welche Vollendung
die Seele erreichen kann.

Ehre das wache, sinnende
Alter, denn
Gott spricht aus ihm.

(Walther Maria Neuwirth: Mensch . Seele . Gott)

Schlußgedanken

Dreizehn Schicksale, die zu Herzen gehen. Verschieden gelebte Leben, verschieden bewältigte Schicksalsschläge, verschiedene Ratschläge ... Eigentlich alle Interviewpartner– und partnerinnen wunderten sich selbst darüber, daß sie so alt waren. Etliche hatten zumindest einen Elternteil, welcher „alt" geworden war, andererseits waren bei manchen der Befragten die Eltern überaus jung gestorben, häufig an Lungenkrankheiten, wie aus den „Protokollen" hervorgeht. Vielleicht wären sie ja – nach dem heutigen Stand der Medizin und mit besserer Ernährung – ebenso alt geworden wie ihre Kinder? Um die Jahrhundertwende stellten die Infektionskrankheiten noch eine der größten Bedrohungen für jedes Lebensalter dar. Von zwanzig Neugeborenen erreichte nur ein Fünftel der Kinder das 20. Lebensjahr. Die Erreger der Tuberkulose wirksam zu bekämpfen gelang erst mit Einführung der Impfungen.

Schlecht zu hören oder schlecht zu sehen (oder beides), womit ein Großteil der „Hunderter" leben muß, ist offensichtlich noch lange kein Grund zur Resignation und wird von den liebenswerten „Alten" mit großer Geduld ertragen: „Das eine Auge ist schwach, und das zweite ist fast kaputt", stellte Dr. Walther Maria Neuwirth lakonisch fest. Wenngleich der sogenannte „graue Star" und damit verbunden ein Schwinden der Sehkraft gerade für den Belesenen, welcher durch seinen Vater, Professor für Naturgeschichte, zum beständigen Forschen angeregt war, sicherlich besonders schwer zu verkraften war. „Immer habe ich meinen Vater geachtet", schrieb er viele Jahre nach dessen Tod in dankbarer Erinnerung in seinem letzten Werk „In der Spur des Lichtes und der Sterne": „Sein vornehmes, mutiges Streben in seinem „Strenningerhof" wurde für mich, den Frontkämpfer der Isonzoschlachten, ein großes, ehrwürdiges Erlebnis." Keine Frage, unsere Altvorderen wuchsen mit viel mehr Respekt gegenüber den Eltern auf als die heutige Jugend. Die Erziehung war früher allgemein strenger, und viele Jugendliche hatten ihre Eltern per „Sie" anzusprechen. Töchter, welche unverheiratet zu Hause blieben, mußten zu Hause oft schwer arbeiten, wenn „Not an der Frau" war, wie etwa im Falle der Elfriede W., welche deshalb auch im Alter mit Bitterkeit an ihre Mutter zurückdenkt: „Ich war so quasi Dienstbotenersatz, weil ich diejenige war, die alles gemacht hat. Die Mutter hat allweil gesagt: „Des kann i net", sie hat nichts können als Sockenstopfen ..." Elfriede W. hatte trotzdem Glück: Wie es damals Brauch war, sprang eine alleinstehende Tante für das Gröbste ein, dafür wurde sie „gratis" von der Familie mitversorgt. Johanna L. und ihr Gatte waren durch dieses übliche Unterstützenmüssen von Familienangehörigen finanziell überfordert: „Kinder haben wir keine gehabt, weil da war nicht viel los mit der Kasse. Der Mann hat drei Schwestern gehabt, und die hat er unterstützen müssen." Auch das Wohnungsproblem in dieser Zeit war eklatant: „Für ein „Loch" muß man sagen – es war eine Waschküche 3 mal 3m – wollte der Besitzer monatlich 25 Schilling Miete! Und ich habe damals am Arbeitsamt 198 Schilling monatlich bekommen", kann Johann Toth noch heute genaue Zahlen nennen. Anders als im Falle von gutgestellten Beamten waren die wirtschaftlichen Verhältnisse in der Unterschicht eine Katastrophe für sich. Oft starb der „Ernährer" ja früh, und dann mußte sich die „Witfrau" mit ihren Kindern alleine durchbringen. Eine Sozialversicherung wie heute gab es damals noch nicht – und damit verbunden auch noch keine Witwenrente: „Mein Vater ist schon im 8er Jahr gestorben, der war erst 43 Jahre alt. Und sie (die Mutter, Anm. d. Verf.) hat sich mit den sechs Kindern „fortwursteln" müssen, sie hat ja nichts gehabt ... Da haben wir Hunger gehabt", erinnert sich Josefine S. noch immer mit Schaudern an diese schweren Jahre. Um das karge Einkommen aufzubessern, war Kinderarbeit um die Jahrhundertwende noch völlig legitim: „Nichts haben wir gehabt als wie ein Zimmer. Ich bin sehr gerne in die Schule gegangen ... und mir war sehr leid, daß ich dann gehen hab' müssen. Aber mit 14 hat man müssen aus der Schule gehen. Entweder man hat einen Bauernhof gehabt und zu Hause gearbeitet, oder man mußte, wenn man keinen gehabt hat, halt woanders hingehen, daß man sich sein Brot verdient ..." (Wilhelmine B.). Maria D., deren Stiefmutter wegen drückender Geldnot in Mönichkirchen Zimmer vermietete, machte ähnliche Erfahrungen: „Bis ich 14 Jahr, alt war, bin ich in die Schule gegangen, was halt notwendig war. Nach der Schule bin ich dann in den Dienst gekommen, in den Haushaltdienst, nach Wien." (Und verging fast vor Heimweh. Dabei sollte sie später – durch den Beruf des Ehemannes bedingt – wiederum von einem Ort zum anderen wechseln!) Cäcilie B. kam zwar aus gut situiertem Elternhaus – ihr Vater war Staatsbeamter – hatte aber mit den typischen Vorurteilen ihrer Zeit zu kämpfen. Studium für ein Mädchen – wozu? An den Universitäten trieben sich damals doch nur „Exotinnen" herum: „Was brauchst denn du das Sprachinstitut? Was machen denn die andern? Lern, lieber kochen und nähen, du wirst eh heiraten." In Notzeiten war frau dennoch froh, daß sie einen Beruf erlernt hatte. Wie Maria W., deren Mann sterbenskrank aus dem Krieg zurückkehrte, leidvoll erfahren mußte. Sie wurde als Telegrafistin in Sigmundsherberg eingesetzt. Dort war das größte Kriegsgefangenenlager untergebracht, und Telegrafieren durften sogar die Kriegsgefangenen mit ihren Angehörigen: „Lauter chiffrierte Telegramme! Man hat sich nichts vorstellen können ... aber ich hab, mich dann „hineingegraben" ... „Ich bin in aller Herren Länder gekommen", erinnert sich Franz S. immer noch gerne an seine Zeiten als Zauberer beim Fronttheater. Das Fronttheater war in Kriegszeiten eine wichtige Einrichtung. Trug es doch nicht unwesentlich dazu bei, kriegsmüde Soldaten bei Laune zu halten ... „Früher war das Landvolk noch sehr gläubig. Damals waren die Kirchen voll, die kleinen Kinder von 4, 5 Jahren konnten schon das Kreuzzeichen machen und das Schutzengelgebet beten" erinnert sich Schwester Norberta wehmütig an die tiefe Gläubigkeit in schwierigen Tagen. Ganz allgemein ist wohl mehr gebetet worden als heute. Auch das Tischgebet war in christlichen Familien obligatorisch. Die christliche Erziehung „bleibt" einem: Der Glaube aus Kindheitstagen gibt fast allen Hochbetagten Halt und Zuversicht. „Hinter uns steht Gott. Wenn der nicht will, nützt unsere ganze Weisheit nichts", ist Klara Z. überzeugt. Friederike F. konnte nur mit Gottes Hilfe den Verlust der beiden liebsten Menschen verkraften: „Ich glaub' an meinen lieben Gott. Er hilft mir immer. Wenn ich noch so schweres Leid hab'..."

Zum Abschluß möchte ich nochmals die trostreichen Worte Schwester Norbertas zitieren, mit welchen sie ihr abenteuerliches Nonnenleben kommentierte: „Ich hab' im Leben immer die gute Seite gesucht. Man darf nicht hängenbleiben am Schweren. Es geht alles vorbei."

Und „Die Anleitung zum Sterben ist in der Tat dieselbe wie die Anleitung zum Leben. Je mehr man sich des Verlangens nach Besitz in allen seinen Formen und besonders seiner Ichgebundenheit entledigt, um so geringer ist die Angst vor dem Sterben, da man nichts zu verlieren hat" schrieb Erich Fromm bereits vor über zwanzig Jahren in seinem allzeit aktuellen Werk „Haben oder Sein. Die seelischen Grundlagen einer neuen Gesellschaft“. Wahrscheinlich liegt hierin der Schlüssel zur Gelassenheit im Alter.

Walther Maria Neuwirth

abstammungsmäßig ein echter „Altösterreicher", wurde am 4. 7. 1896 in Wien-Margareten geboren. Nach den Mittelschuljahren in Olmütz und Wien meldete er sich bald freiwillig zum Heer: Als Artillerieleutnant erlebte er im ersten Weltkrieg gleich drei Isonzoschlachten an vorderster Front. Nach Wien zurückgekehrt, folgten Abschluß der Universitätsstudien, Lehramtsprüfung und Doktorat der Philosophie. Als pragmatisierter Professor am Reform–Gymnasium, Wien VIII, unterrichtete Dr. Neuwirth Deutsche Sprache, Geschichte und Geographie. Erste Dichtungen und Episches erschienen. Darunter der Roman „Helden" (1933), der unter dem Titel „Isonzo, Piave, Montello" ins Italienische übersetzt (und vor kurzem wieder neu aufgelegt) wurde. Als Mitarbeiter und Kritiker bei einigen Zeitungen erwarb sich Prof. Neuwirth nebenbei journalistische Erfahrungen. Doch wiederum kam ein Krieg „dazwischen" und damit 1939 wieder die Meldung zum Wehrdienst, was Frontdienst an zwei Kriegsschauplätzen bedeutete. Nach kurzer amerikanischer Gefangenschaft gelang Dr. Neuwirth eine Heimkehr auf Schleichwegen. Aus politischen Motiven erfolgte jetzt eine Außerdienststellung und schließlich – 1947 – die frühzeitige Pensionierung. Was jedoch nicht bedeutete, daß Professor Neuwirth nun die Hände in den Schoß legte, im Gegenteil: Es folgten journalistische Beiträge für verschiedene Zeitungen, dann die fixe Anstellung als Hausredakteur und langjähriger Verantwortlicher Redakteur der „Neuen Österreichischen Tageszeitung". Hier war Dr. Neuwirth zuerst als Kriminalreporter, dann als Lokalredakteur, als Motorredakteur, in der Innenpolitik und als Wirtschaftsredakteur fast zwanzig Jahre tätig. Nebenher und darüberhinaus lief die Arbeit als Bibliothekar und Archivar des Wiener Künstlerhauses.

Für die Herausgabe von Lyrikbänden und kunsthistorischen Schriften, Romanen und Essays, Beiträge in Kunstzeitschriften, Katalogen, Festschriften usw. erhielt Professor Neuwirth zahlreiche Auszeichnungen, darunter das österreichische Ehrenkreuz für Wissenschaft und Kunst (1966) und zuletzt die Ehrenbürgerschaft der Marktgemeinde Perchtoldsdorf (1996), Familienwohnsitz seit vielen, vielen Jahren ...

Die Autorin

Geboren am 5. 9. 1953 in Wien-Favoriten, gehörte Schreiben schon in der Schulzeit zu ihrer Lieblingsbeschäftigung. Das Publizistik-Studium an der Universität Wien (Nebenfach: Pädagogik) war die logische Konsequenz. Daneben bekam sie durch ihre Tätigkeit an der Amerikanischen Botschaft (Programmabteilung des Amerika-Hauses und Immigrationsabteilung) gleichzeitig einen recht guten Einblick in die berufliche Praxis. 1976 Promotion, aktuelles Dissertationsthema zum „Internationalen Jahr der Frau 1975“: „Die Welt der Frau heute und die katholische Frauenzeitschrift „Die Welt der Frau“ (mit Inhaltsanalyse). Freiberufliche Mitarbeit an der „Mödlinger Zeitung“.

Von 1979 bis zur Geburt der ersten Tochter, 1983, bei DONAULAND in der Redaktion und Musikprogrammabteilung.

Die kurz aufeinanderfolgenden Geburten zweier weiterer Wunschkinder, eines Sohnes (1984) und einer Tochter (1986) und damit verbunden ein völliges Aufgehen in der Rolle als Frau und Mutter ließen nur gelegentliche Schreibaktivitäten zu, z.B. die Gestaltung einer regionalen Sportzeitung. Seit 1995 wieder regelmäßig freiberuflich journalistische Beiträge (Kolumnen, Reportagen, Serien ...) in „Frauenblatt“ und „Samstag“.

Literaturverzeichnis

Rosa Albach-Retty: „So kurz sind hundert Jahre. Erinnerungen. Aufgezeichnet von Gertrud Svoboda-Srncik“, F. A. Herbig Verlagsbuchhandlung, München, Berlin 1978

Erich Fromm: „Haben oder Sein. Die seelischen Grundlagen einer neuen Gesellschaft“, Deutsche Verlags–Anstalt GmbH, Stuttgart 1976

Johannes Huber/ Alfred Worm: „Länger leben, später altern. Eine Anleitung“, Verlag Wilhelm Maudrich, Wien 1997

Franz Kardinal König: „Haus auf festem Grund. Lebensideen und Orientierungen. Herausgegeben von Annemarie Fenzl und Reginald Földy“, Amalthea Verlag in F. A. Herbig Verlagsbuchhandlung GmbH, Wien, München, Berlin 1994

Ursula Lehr: „Psychologie des Alterns“, 8., überarbeitete Auflage, UTB für Wissenschaft, Quelle & Mayer, Wiesbaden 1996

Pensionistenverband Österreichs: „Zahlen Daten Fakten 1998“ Bildung /Information, Wien

Erwin Ringel: „Das Alter wagen. Wege zu einem erfüllten Lebensabend“, Deutscher Taschenbuch Verlag Gmbh & Co. KG, München 1994

Leopold Rosenmayr: „Älterwerden als Erlebnis. Herausforderung und Erfüllung“, Edition Atelier, Wiener Journal Zeitschriftenverlag GmbH 1988

Leopold Rosenmayr: „Die Kräfte des Alterns“, Edition Atelier, Wiener Journal Zeitschriftenverlag GmbH 1990

Leopold Rosenmayr/ Gerhard Majce/ Franz Kolland: „Jahresringe. Altern gestalten“, Verlag Adolf Holzhausens Nachfolger GmbH, Wien 1996

Ingeborg Schödl: „Alt aber nicht out. Gedanken über das Älterwerden“, Verlag St. Gabriel, Mödling – Wien 1996

Margarete Schütte-Lihotzky: „Soziale Architektur. Zeitzeugin eines Jahrhunderts. Herausgegeben von Peter Noever, MAK“, 2. verb. Auflage MAK, Forschungsgruppe Schütte–Lihotzky und Böhlau Verlag GmbH und Co. KG, Wien, Köln, Weimar 1996

Statistische Nachrichten 12/1993: „Bevölkerungsprognosen“, Österreichisches Statistisches Zentralamt, Wien

Werner Stein: „Der große Kulturfahrplan. Die wichtigsten Daten der Weltgeschichte. Politik, Kunst, Religion, Wirtschaft“, F. A. Herbig Verlagsbuchhandlung GmbH, München, Berlin, überbeitete und erweiterte Auflage 1993